KÖPFE DES 20. JAHRHUNDERTS

Thomas Blubacher

Gustaf Gründgens

EDITION COLLOQUIUM

Die Deutsche Bibliothek – CIP-Einheitsaufnahme

Blubacher, Thomas:
Gustaf Gründgens / Thomas Blubacher. – 1. Aufl. –
Berlin: Ed. Colloquium, 1999
   (Köpfe des 20. Jahrhunderts; Bd. 137)
   ISBN 3-89166-984-4

1. Auflage

© 1999 Edition Colloquium im
Wissenschaftsverlag Volker Spiess GmbH, Berlin
Satz: Volker Spiess, Berlin
Druck: Color-Druck Dorfi, Berlin
ISBN 3-89166-984-4

Einleitung

Mephisto, Hamlet, Philipp – mit diesen Rollen wurde der Schauspieler Gustaf Gründgens unsterblich. Als Regisseur hat er Maßstäbe gesetzt, stilbildend zwei Generationen von Schauspielern geprägt und das deutsche Theater über Jahrzehnte entscheidend beeinflußt. Seine Bedeutung als Theaterleiter ist nur mit derjenigen Max Reinhardts vergleichbar. Doch das Theater ist eine vergängliche Kunst. Was bleibt, sind Erinnerungen, sind einige Schallplatten und Aufzeichnungen, die den Eindruck der Bühnenaufführungen nur unzulänglich wiedergeben. Und so verbinden heute viele mit Gründgens allenfalls die Klischees, die der Diskurs der letzten drei Jahrzehnte geprägt hat: Gründgens, der blasierte, monokeltragende Darsteller aasiger Schurken und Hochstapler. Gründgens, der opportunistische Karrierist, der zur Salonfähigkeit des Dritten Reichs beigetragen hat, »ein Affe der Macht und ein Clown zur Zerstreuung der Mörder«, wie es in Klaus Manns Roman »Mephisto« heißt. 1988 protestierte Jürgen Flimm, der Intendant des Hamburger Thalia-Theaters, erfolgreich dagegen, daß ein Preis des Deutschen Bühnenvereins den Namen des ehemaligen Generalintendanten der Preußischen Staatstheater Berlin hätte tragen sollen, »der sein ganzes Talent auf dubioseste Weise in den Dienst der fürchterlichsten Diktatur gestellt hat.« 1995 versuchte der Choreograph Johann Kresnik am Deutschen Schauspielhaus in Hamburg, den Mythos Gründgens zu demontieren; symbolträchtig wurde am Ende der Aufführung aus einer Urne dessen Asche über den Köpfen der Zuschauer ausgestreut. Doch Gründgens als Nazi zu diffamieren ist ebenso falsch wie seine Stilisierung zum Widerstandskämpfer. Der widerspruchsvolle Weg des einzigartigen Theatermannes vom aufstrebenden Bohemien im

Anm.: Nachweis der Zitate siehe Auswahlbibliographie. Stichworte im Fettdruck.

Hamburg der 20er Jahre bis hin zum dem Prinzip der Werktreue verpflichteten Repräsentanten der Adenauer-Ära läßt
sich nicht so summarisch bilanzieren, wie manche Überliefe-
rungen es vorgeben.

Jugend und Anfängerjahre

»Biographien sind meine Lieblingslektüre. Aber ich überschlage immer die Jugendzeit der Autoren. Schließlich haben wir alle auf dem Eisbärfell gelegen, sind alle in die Schule gegangen, und ich finde es nicht interessant, in welcher Klasse man sitzen geblieben ist. Und ich kann auch nicht finden, daß die Schilderung der Schullehrer für den Leser wissenswert ist.« [Briefe, S. 337] So beginnt Gustaf Gründgens 1952 den knappen Entwurf zu einer nie verfaßten Autobiographie. Um es also kurz zu machen: Gustav Heinrich Arnold Gründgens wird am 22. Dezember 1899 in der Gustav-Adolf-Straße in Düsseldorf geboren, als erstes Kind des aus Aachen stammenden Industriekaufmanns Arnold Gründgens und dessen in Köln geborener Frau Emilie, geb. Ropohl. Der wirtschaftliche Niedergang dieser alten rheinischen Industriellenfamilie hatte bereits vor Gründgens' Geburt begonnen, was die Eltern zunächst jedoch nicht daran hindert, nach außen hin die großbürgerliche Fassade zu wahren. Die frühe Kindheit von Gustav und seiner dreieinhalb Jahre jüngeren Schwester Marita (* 23.5.1903 Düsseldorf, † 24.12.1985 Solingen, 1929–1960 als Chanson- und Liedsängerin tätig) verläuft recht unbeschwert. Dienstpersonal und gesellschaftliche Soireen, an denen die musisch veranlagte Mutter, die in ihrer Jugend bei der berühmten Koloratursopranistin Lilli Lehmann Gesang studiert hatte, aufzutreten pflegt, sind selbstverständlich, doch häufige Umzüge führen die schließlich in nahezu kleinbürgerlichen finanziellen Verhältnissen lebende Familie in immer bescheidenere Wohnungen.

Gründgens' Verhältnis zum Vater ist äußerst distanziert; die enge Bindung zur über alles geliebten und verehrten Mutter Emmy hingegen wird bis zu deren Tod 1935 einen großen Raum in seinem Leben einnehmen. 1909–1916 besucht Gustav Gründgens das Comenius-Gymnasium in Oberkassel. Sein Abschlußzeugnis weist in allen Fächern die Note »genügend«

auf, lediglich »Handschrift« und »Ordnung« sind als »mangelhaft« bewertet worden. Eine kaufmännische Lehre, die er auf Wunsch des Vaters beginnt, endet nach nur drei Monaten, denn Gründgens meldet sich als Kriegsfreiwilliger an die Westfront. Er wird verwundet – nicht im Feld, sondern durch die Unachtsamkeit eines Kameraden – und für längere Zeit nach Kreuznach ins Lazarett eingeliefert. Dort liest er in einem Armeeverordnungsblatt den Aufruf zur Bildung eines Fronttheaters und bewirbt sich mit Erfolg, indem er Bühnenerfahrung vortäuscht. Zunächst nach Saarbrücken, dann nach Saarlouis geschickt, arbeitet Gründgens in der Kanzlei des Fronttheaters, wo er mit auffallendem Geschick kaufmännische Verwaltungsarbeiten erledigt und über die täglichen Vorkommnisse akribisch Buch führt. Daneben nimmt er einige Stunden Schauspielunterricht bei Karl Zistig, der als jugendlicher Held und Charakterspieler am Saarbrücker Schauspielhaus verpflichtet ist. Nachdem Gründgens zunächst die Rolle des Rodrigo probiert hatte, Shakespeares »Othello« aber noch während der Proben wieder abgesetzt werden mußte, debütiert er am 2. Oktober 1918 in Friedrichsthal bei Saarbrücken als älterer Gelehrter Philipp in Ludwig Fuldas Lustspiel »Jugendfreunde«, kurz darauf spielt er den Schüler in Goethes »Faust«. Der 18jährige Autodidakt Gründgens wird zum Leiter des Fronttheaters ernannt, das in den Harz, nach Thale, verlegt wird und dort die 1903 errichtete Freilichtbühne bespielt, nach Kriegsende unter deren tradiertem Namen »Bergtheater Thale«. Gründgens hat Erfolg als Karl-Heinz im populären Rührstück »Alt-Heidelberg«, organisiert Gastspiele, Vortrags- und Tanzabende, und am 18. März 1919 rezitiert er – angekündigt als »Mitglied der Volksbühne Saarbrücken« – im Thaler Hotel »Ritter Bodo« erstmals den Mephisto aus »Faust« – die Rolle, mit der er in die Theatergeschichte eingehen wird.

Kurz darauf, am 1. April 1919, tritt Gründgens als zahlender Schüler (das Studiengeld beträgt 750 Mark per annum) in die Hochschule für Bühnenkunst ein, die dem Düsseldorfer Schauspielhaus angeschlossen ist; den Ausbildungsvertrag mit der »Höheren Bildungsanstalt« hat anstelle des noch minder-

jährigen Gründgens sein Vater unterschrieben. Geleitet wird dieses Institut von der für ihr diszipliniertes Spiel und ihre hohe Sprachkultur berühmten Schauspielerin Louise Dumont (* 22.2.1862 Köln, † 16.5.1932 Düsseldorf) und deren Ehemann, dem Regisseur Gustav Lindemann (* 24.8.1872 Danzig, † 6.5.1960 Düsseldorf). Unter den Lehrern, die Gründgens unterrichten, finden sich neben Louise Dumont selbst auch Else Dalands, Peter Esser und Paul Henckels, zu den Mitschülern gehören René Stobrawa, Hanns Böhmer und Paul Kemp. Schon zu Beginn der praxisbezogenen Ausbildung werden die Schüler (ohne dafür eine Vergütung zu erhalten) zu kleinen Rollen am Düsseldorfer Schauspielhaus herangezogen. Gründgens tritt dort erstmals am 19. April 1919 als Lakai in Leo Tolstois Drama »Der lebende Leichnam« auf, zahlreiche kleine und kleinste Rollen folgen, und Gründgens, der in beinahe jeder Inszenierung am Schauspielhaus beschäftigt ist, fühlt sich überlastet. »Daß Sie es unter Ihrer Würde erachten, für Herrn Hannemann in Gelsenkirchen die Rolle des 2. Dieners zu übernehmen, wirft ein sehr bedenkliches Licht auf die Art, wie Sie innerlich zu Ihrer Berufsarbeit stehen«, wird der Schauspielschüler von Mitdirektor Fritz Holl in einem Schreiben vom 24.2.1920 gerügt. Im Frühjahr 1920 folgen dann interessantere Aufgaben, Gründgens spielt »zur Entlastung des Herrn Henckels«, der abends in einer anderen Inszenierung beschäftigt ist, in einer Nachmittagsvorstellung dessen Rolle des Hochstaplers Riccaut de la Marlinière in Lessings »Minna von Barnhelm«, für den erkrankten Adolf Dell übernimmt Gründgens den Güldenstern in Shakespeares »Hamlet«, und auch die Rolle des Hofmarschalls von Kalb in Schillers »Kabale und Liebe« wird Gründgens anvertraut.
Ursprünglich stark vom naturalistischen Theater Otto Brahms beeinflußt und darum bemüht, den stillosen Konventionalismus der Jahrhundertwende zu überwinden, verschließt sich Gustav Lindemann in diesen Jahren auch der expressionistischen Dramatik nicht. Der in frühen Inszenierungen oft zu breit angelegte, detailliert ausgemalte psychologische Realismus der Darstellung wird zunehmend zu expressivem Ausdruck verknappt, rhythmische und dynamische Elemente wer-

den hervorgehoben. Stilisierung des Spiels, szenische Verein-
fachung und Dominanz der Sprache prägen Lindemanns auf
Überzeitlichkeit zielende Inszenierungen, die nicht von der
Situation, sondern vom Wort, vom Wortsinn, ausgehen. Darin manifestiert sich weiterhin die Verbindung zu Otto Brahm
und die Gegenposition zur sensualistischen, oft komödiantischen Kunst Max Reinhardts. Lindemanns literarisiertes Theater der geistigen Auseinandersetzung zelebriert die reine,
theatrale Kunst als hehres, festliches Ereignis, ja fast als kulti-
sches Weihespiel. Gustav Lindemanns Postulat, das Theater
habe der dramatischen Dichtung zu dienen, und sein Vorsatz,
jedes Werk aus seinem individuellen Stil heraus zu gestalten,
werden für den späteren Regisseur Gründgens und sein Ideal
der werktreuen Interpretation prägend.

Nach Ablauf des Schuljahres 1919/20 verläßt Gustav Gründgens die Hochschule für Bühnenkunst. Das Abschlußzeugnis
vom 28. Mai 1920 attestiert ihm »ein ungewöhnliches Talent
für die sinnfällige Ausformung der seelischen Struktur pro-
blematischer Naturen; seine starken Ausdrucksmittel sind mit
energischem Willen gepaart und gut diszipliniert. Das nervöse
Temperament, das der leisesten Anregung folgt, weist zunächst auf erfolgreiche Gestaltung der modernen Literatur,
ohne Beschränkung auf die Verkörperung nur jugendlicher
Personen. Bei einem ungestörten Verlauf der Entwicklung
dürfte der Gestaltungskraft Herrn Gründgens' das ganze Gebiet kompliziertester Charakterrollen in der klassischen dramatischen Literatur offenstehen.« [Dok., S. 19]

Sein erstes Engagement erhält Gründgens in der Spielzeit
1920/21 als »Charakter- und Chargenspieler« bei Francesco
Sioli (* 31.3.1878 Oschersleben, † 15.6.1958 Plön) an den Städtischen Bühnen Halberstadt, wo er zwar häufig, aber nur selten seinem Typus und Alter entsprechend beschäftigt wird. In
der achtmonatigen Saison spielt Gründgens in 22 Inszenierungen, zumeist alte Männer wie Paulet in Schillers »Maria
Stuart«, und auch in Ibsens »Gespenstern« besetzt man ihn
nicht als Oswald, sondern – 20jährig! – als Pastor Manders.
Überdies assistiert Gründgens und arrangiert Tanzszenen,
daneben organisiert er für den Halberstädter »Vaterländischen

Frauenverein« Unterhaltungsabende und erteilt Unterricht in rhythmischer Gymnastik.

Als sich der Intendant der Vereinigten Städtischen Theater Kiel, der Sohn des Düsseldorfer Großindustriellen Emil Poensgen, der sich für die Bühnenlaufbahn den Namen Max Alberty (* 19.1.1874 Düsseldorf, † 15.3.1922 Kiel) zugelegt hat, in Halberstadt Gründgens' Freund und Kollegen Hanns Böhmer ansieht, verpflichtet er für die kommende Spielzeit 1921/22 auch Gründgens als jugendlichen Bonvivant und Charakterspieler an sein Theater. Das Kieler Engagement verläuft glücklicher, nicht unbedingt in finanzieller Hinsicht – der von Geldsorgen geplagte Gründgens muß seine bescheidene Gage auch hier mit Schauspielunterricht (der später einem breiten Publikum bekannte Hans Söhnker zählt zu seinen Schülern) und Gymnastikstunden aufbessern –, aber künstlerisch. Max Alberty besetzt, am Vorbild Max Reinhardts orientiert, weniger nach den in Deutschland traditionell vertraglich festgelegten Rollenfächern als nach der Individualität der Akteure und dem jeweiligen Inszenierungskonzept. Innerhalb einer Saison wirkt Gründgens in 38 Inszenierungen mit und verkörpert so wesentliche Rollen wie den Marinelli in Lessings »Emilia Galotti«, die Titelrolle in Molières »Tartuffe«, Dr. Jura in Hermann Bahrs »Konzert«, Leonhard in Hebbels »Maria Magdalena« und schließlich sogar den Mephisto in Goethes »Faust«. Der Rezensent der Kieler Neuesten Nachrichten lobt den jungen Schauspieler am 25. April 1922: »Den Mephisto spielte Herr Gründgens, dessen behende Hagerkeit und ebenso kalte wie scharfe Dialektik zwei Vorbedingungen der Gestalt trefflich erfüllen. [...] Wenn hier und da eine Geste nicht frei von Theatralik war [...], so war Herr Gründgens doch durchweg ein lebhafter, geistreicher, eleganter Teufel, der auch den Schalk besonders zur Geltung brachte.«

Zusammen mit Clemens Schubert, dem Oberregisseur der Kieler Bühnen, mit dem sich Gründgens inzwischen befreundet hat, wechselt er für die Spielzeit 1922/23 als jugendlicher Bonvivant und Charakterspieler an das Berliner Theater in der Kommandantenstraße, das dessen neuer Direktor Eugen

Poell gerade erst von der Metropol-Theater AG gepachtet hat. Gründgens tritt hier unter anderem als Nuditätenhändler in Rolf Laucknerns expressionistischem Stück »Schrei aus der Straße«, als Herzog in Goethes »Tasso« und in Ibsens »Gespenstern« auf, diesmal als Oswald. Als Friedrich in Hermann Burtes vielgespieltem »Katte« erregt er sogar erstmals die Aufmerksamkeit des Berliner Kritikerpapstes Alfred Kerr. Erfolg hat der Berlin-Neuling Gründgens aber vor allem mit einer selbstverfaßten, von Theo Mackeben vertonten, grotesken Wandervogelparodie, die er unter dem Titel »Der neue Mensch oder Hab Sonne im Herzen!« in Rosa Valettis Ende 1920 eröffnetem politisch-literarischem »Cabaret Größenwahn« vorträgt; Gründgens' Partnerin ist die bekannte Schauspielerin Else Ehser. Das Theaterunternehmen in der Kommandantenstraße hingegen verläuft glücklos. Wegen der Kohlennot in Zeiten der Inflation kann der Zuschauerraum nicht beheizt werden, die Zuschauer und damit die Einnahmen bleiben aus, der Versuch, eine moderne literarische Bühne zu etablieren, scheitert nach nur wenigen Premieren.

Hamburg 1923–1928

Schubert und Gründgens verlassen Berlin wieder und folgen im Sommer 1923 gemeinsam einem Ruf an die renommierten Hamburger Kammerspiele, einem der wenigen Theater, die in den 20er Jahren ein Gegengewicht zu den Bühnen der Metropole Berlin bilden. Für die von Gründgens erhoffte Karriere in der Hauptstadt war es offenbar noch zu früh gewesen, aber gegenüber Kiel ist das Hamburger Engagement ein großer Schritt nach vorn. Und in der Person des Intendanten Erich Ziegel (* 26.8.1876 Schwerin a. d. Warthe, † 30.11.1950 München) begegnet Gründgens dem Theatermann, der seine künstlerische Entwicklung am nachhaltigsten beeinflussen wird. An den von Ziegel und 1926–28, während dieser die künstlerische Leitung des Deutschen Schauspielhauses übernimmt, von dessen Frau Mirjam Horwitz (* 15.8.1889 London, † 26.9.1967 Lütjensee bei Hamburg) und Karl Goldfeld geleiteten Kammerspielen sind in den 20er Jahren neben vielen anderen Josef Dahmen, Ernst Fritz Fürbringer, Herbert Grünbaum, Wolfgang Heinz, Ruth Hellberg, Lucy von Jacobi, Paul Kemp, Viktor Kowalski (später unter dem Namen de Kowa berühmt), Anni Mewes, Hans Otto, Ellen Schwanneke, Herta Windschild und Karl Zistig verpflichtet. Das Repertoire des technisch nur unzulänglich ausgestatteten, 740 Zuschauer fassenden Theaters im Besenbinderhof ist bestimmt von zeitgenössischen Autoren wie Wedekind, Sternheim, Strindberg, Kaiser, Kornfeld, Toller und Klabund. Daneben sorgen populäre Unterhaltungsstücke für die notwendigen Einnahmen des Privattheaters, der Anteil klassischer Dramen ist gering. Gustaf Gründgens – inzwischen schreibt er seinen Namen mit einem distinguierenden f – debütiert unter Schuberts Regie am 8. September 1923 als Maler in Hugo Wolfgang Philipps grotesker Tragödie »Der Clown Gottes«. »Es gelang der Spielleitung, den unheilvollen Dualismus von Posse und naturwahrer Nüchternheit unauffällig zu beseitigen. Das Gelingen dieses Experiments sicherte der Darsteller der Hauptperson, Gustaf Gründgens, ein neuer Mann, der sich hier mit einer imponierenden Leistung zeigen konnte, der neben einer puppenhaften Sprache gelenkiger Gliedmaßen auch über den einfachen Menschenschrei jenseits aller Rednerei verfügt«, lobt das Hamburger Echo vom 10.9.1923. Trotz dieses erfolgreichen Beginns in Hamburg spielt Gründgens in seiner ersten Saison bei Ziegel zwar zahlreiche, jedoch – abgesehen von der Titelrolle in Kornfelds »Palme oder Der Gekränkte« – zumeist kleinere Rollen, der große Durchbruch läßt zunächst noch auf sich warten.

Erfolgreicher ist indes schon die zweite Hamburger Spielzeit. Gründgens zeichnet den Junker von Bleichenwang in Shakespeares »Was ihr wollt« mit Reitpeitsche und Monokel als lächerlichen Korpsstudenten und spielt mit tänzerischer Anmut – und der Freude darüber, auf der Bühne endlich einmal »schön« sein zu dürfen – Prinz Pao in der Uraufführung von Klabunds »Kreidekreis«. Die Titelrolle in Sternheims »Oscar Wilde« hingegen übernimmt er nur ungern und veröffentlicht nach der Premiere einen Artikel in Hans Reimanns Zeitschrift »Stachelschwein« (für die Gründgens mitunter auch Gedichte und Kurzgeschichten verfaßt), in dem er darlegt, warum er die Rolle konträr zu den Absichten Sternheims gespielt hat. Auch als Regisseur versucht sich Gründgens erstmals. Für ein Gastspiel von Albert Steinrück am 26. August 1924 inszeniert er Octave Mirbeaus Boulevardstück »Geschäft ist Geschäft« und spielt in seiner eigenen Inszenierung auch gleich selbst mit. Zeit seines Lebens wird Gründgens noch häufig Regie führen und zugleich als Hauptdarsteller fungieren, denn auch der Regisseur (und später der Theaterleiter) Gründgens sieht sich – in dieser Hinsicht ganz in der Tradition des 19. Jahrhunderts – vor allem als primus inter pares, als Schauspieler unter Schauspielern. Noch in der selben Saison 1924/ 25 führt Gustaf Gründgens unter anderem höchst erfolgreich Regie bei Georg Kaisers »Kolportage« (und besetzt sich mit überlegtem Kalkül selbst in der wirkungsvollen Rolle des Acke), bei Shaws Komödie »Helden«, in der er einen sarkastischen Bluntschli darstellt, und – mit sich als Dr. Jura – Her-

mann Bahrs »Konzert«. Der Durchbruch in Hamburg ist Gründgens gelungen, der junge Schauspieler ist beim Publikum arriviert, stadtbekannt geworden nicht zuletzt auch durch sein exaltiert zur Schau gestelltes Bohèmeleben: Wie auch seine Freunde und Kollegen Ruth Hellberg (* 2.11.1906 Berlin) und Paul Kemp (* 20.5.1899 Bad Godesberg, † 13.8.1953 Bad Godesberg) trägt er stets einen langen, etwas schäbigen Ledermantel, im Gesicht ein Monokel, mitunter auch derer zwei. So fährt man auf Kemps Motorrad durch Hamburg, und so besucht man fast allabendlich die einschlägigen Nachtlokale St. Paulis, ein im Kellergeschoß gelegenes Hippodrom etwa, in dem sich die Huren nackt auf Pferden reitend präsentieren. Gründgens sucht sein Selbstbild, experimentiert mit seinem Image, ja er scheint geradezu pubertär eine zweite Adoleszenz zu erleben. Den Eltern schreibt er zu dieser Zeit: »Mich packen alle Erschütterungen und alle Jubel stärker. Ich liebe schmerzlicher und bekomme tiefer Liebe. Ich lebe mein Leben in den Extremen. Die Mitte bietet keine Luft, in der ich atmen kann. Mein Glück ist tiefer, reiner und schöner, und mein Unglück ist verzweifelter, hoffnungsloser und qualvoller. Ich erlebe in einer Stunde mehr als mancher in seinem Leben. Dabei stürze ich mich nicht herein, es drängt sich an mich. Und so bin ich in meinem Glück unglücklich und in meinem Unglück glücklich.« [Riess, S. 54]
In der Saison 1925/26 verkörpert Gründgens neben zahlreichen weiteren Rollen Sternheims »Snob« als einen draufgängerischen Emporkömmling mit skrupellosem Lebensappetit. Er inszeniert Büchners »Leonce und Lena« als heiteres Märchenspiel ohne einen Anflug bitterer Satire und gibt darin einen narzißtischen und etwas frivolen Prinzen Leonce. Unter der Gastregie des von Brecht wegen seiner »wissenschaftlichen Methode« der Regieführung bewunderten Erich Engel spielt Gründgens die Titelrolle in Jules Romains' Komödie »Dr. Knock«.
Von Zeitzeugen im Rückblick als apolitisch charakterisiert, scheint eine Pressenotiz vom 10.7.1926 doch von Gründgens' politischem Engagement zu zeugen: »Gustaf Gründgens, der Spielleiter der Hamburger Kammerspiele, wird im Winter un-

ter dem Titel „Revolutionäres Theater" eine Reihe von Vorstellungen an Sonntagvormittagen in den Hamburger Kammerspielen veranstalten, an denen neben ersten Darstellern sämtlicher Hamburger Theater auch Mitglieder der Arbeiter- und Jugendverbände mitwirken werden. Es werden *nur* solche Dichter aller Nationen zu Wort kommen, deren Schaffen – im strengen Gegensatz zu der tendenzlosen Gleichgültigkeit des bürgerlichen Theaters – den Forderungen unserer Zeit entspricht, die zu dem heutigen Unterhaltungstheater keine Beziehung mehr hat. Die erste Vorstellung wird am 19. September Tollers „Masse Mensch" sein. Die Reihe der Aufführungen wird u.a. mit Werken von Paquet, Rolland, einer modernen Bühnenbearbeitung des Büchnerschen „Danton" und einer politischen Revue fortgesetzt.« [Briefe, S. 121 f.] Die geplanten Matineen werden jedoch nicht realisiert. Erwin Piscator inszeniert im September 1926 Alfons Paquets Schauspiel »Sturmflut«, eine Paraphrase über die russische Revolution, die Piscator bereits an der technisch weitaus besser ausgestatteten Berliner Volksbühne unter Einbezug aller mechanischer Mittel und mit wirkungsvollen Filmprojektionen als wesentlichem dramaturgischen Bestandteil uraufgeführt hatte. Gründgens spielt den Weißgardisten Ssanin; die Zusammenarbeit mit dem Avantgardisten politisch-dokumentarischen Theaters Piscator bleibt aber ohne Auswirkungen auf Gründgens' künstlerischen Impetus. Ein Jahr später, am 1. September 1927, wird an den Kammerspielen Ernst Tollers »Hoppla, wir leben!« uraufgeführt, mit Gründgens als Graf Lande. Ansonsten spielt Gründgens den Melancholiker Jacques in Shakespeares »Wie es euch gefällt« und Moritz Stiefel in Wedekinds von Gründgens selbst inszeniertem Stück »Frühlingserwachen« (mit Viktor de Kowa als Melchior und Ruth Hellberg als Wendla), führt Regie bei Wildes geistreicher Komödie »Bunbury« und bei der Offenbach-Operette »Orpheus in der Unterwelt«, einem enormen Inszenierungserfolg, der das finanziell auf schwachen Füßen stehende Theater für einige Zeit saniert. Es folgen die Titelrolle in der Uraufführung von Erich Ebermayers »Kaspar Hauser«, die für den Schauspieler Gründgens weit erfolgreicher ist als für den

Autor, und die lang ersehnte Titelrolle in Shakespeares »Hamlet«, im Januar 1928 schließlich das angekündigte Revolutionsdrama »Dantons Tod«, in dem Gründgens nicht etwa die ihm näherliegenden Rollen des Robespierre oder des St. Just, sondern mit eher mäßigem Erfolg den Titelhelden verkörpert. Gustaf Gründgens verantwortet Inszenierungen von Stücken Strindbergs, Shaws, Kaisers, Schnitzlers und Sternheims, der mit viel Witz und Esprit bearbeiteten Offenbach-Operette »Die schöne Helena« und schließlich der von ihm initiierten Uraufführung von Hans Henny Jahnns Drama »Der Arzt, sein Weib, sein Sohn«. Die Kammerspiele weigern sich allerdings, das finanzielle Risiko der Produktion zu tragen, so daß Jahnn die Kosten der Aufführung aus eigenen Mitteln bestreitet und einen beträchtlichen materiellen Verlust erleiden muß. Daneben inszeniert Gründgens eine ganze Reihe leichter Unterhaltungsstücke, für die er mit seinem ausgeprägten Sinn für Tempo und Rhythmus, seiner hohen Musikalität und seinem ironischen Witz ein besonderes Talent hat.
In Gründgens' Hamburger Zeit fällt auch die Ehe mit Erika Mann (* 9.11.1905 München, † 27.8.1969 Zürich), der ältesten Tochter Thomas Manns, des Autors der »Buddenbrooks« (für die er 1929 den Nobelpreis erhalten wird), der Novellen »Tonio Kröger«, »Tod in Venedig« und des Romans »Der Zauberberg«. Am 22. Oktober 1925 findet an den Hamburger Kammerspielen die Premiere von »Anja und Esther« statt, dem schwermütig-lasziven dramatischen Erstling von Erikas ein Jahr jüngerem Bruder Klaus, zwei Tage zuvor von Otto Falckenberg an den Münchner Kammerspielen uraufgeführt. Klaus Mann (* 18.11.1906 München, † 21.5.1949 Cannes) hatte gerade eben erst den Novellenband »Vor dem Leben« vorgelegt und noch im selben Jahr sein Romandebüt »Der fromme Tanz« beendet. Dieses ekstatische, streckenweise ziemlich schwülstige coming out ist wohl einer der ersten Homosexuellen-Romane der deutschen Literatur, aber durchaus zu einer Zeit entstanden, in der die Darstellung homosexueller Beziehungen in der Literatur, auf der Bühne und im Film en vogue ist. Das geltende Recht der Weimarer Republik sieht allerdings in § 175 vor, »widernatürliche Unzucht, welche zwi-

schen Personen männlichen Geschlechts oder von Menschen mit Tieren begangen wird«, mit Gefängnis und dem Verlust der bürgerlichen Ehrenrechte zu bestrafen. Alle Versuche, das Sexualstrafrecht zu reformieren, sind bislang fehlgeschlagen. Gründgens führt bei dem in einem Erholungsheim für gefallene Kinder angesiedelten Stück »Anja und Esther« Regie. Neben dem Spielleiter Gründgens selbst und dem als Schauspieler völlig unerfahrenen Autor Klaus Mann treten auch dessen Schwester Erika und Frank Wedekinds Tochter Pamela (* 12.12.1906 Berlin, † 9.4.1986 Ambach, seit Juni 1924 mit Klaus Mann verlobt) als lesbisches Liebespaar auf – nicht die bestmögliche Besetzung, aber Garantie für optimale Publizität. Das ziemlich mißratene Stück, dessen dünne Handlung in peinlichem Kontrast zum hybriden philosophischen Anspruch und der gestelzten Sprache steht, erntet neben einigen großzügig-wohlwollenden Reaktionen vor allem Verrisse: Das »Herumwühlen in sexuellen Entartungsmöglichkeiten« sei abstoßend [Hamburger Fremdenblatt, 23.10.1925], Herbert Ihering nennt das pathetische Bühnenwerk anläßlich einer späteren Berliner Inszenierung »den szenischen Marlittroman der Homosexualität« [Berliner Börsen-Courier, 22.3.1926] Gründgens hingegen lobt in den Blättern der Hamburger Kammerspiele, dem »Freihafen«, den literarischen Newcomer Klaus Mann geradezu emphatisch: »Die jüngere Generation hat in Klaus Mann ihren Dichter gefunden. [...] Er ist nicht nur ein Schilderer der neuen Jugend, er ist vielleicht berufen, ihr Wegweiser zu werden.« [Dok., S. 30]

Der 18jährige Klaus Mann wiederum ist von der schillernden Persönlichkeit des sieben Jahre älteren Theaterstars Gründgens fasziniert, von seinem Charisma, seiner bedingungslosen Hingabe an das Theater: »Er glitzerte und sprühte vor Talent, der charmante, einfallsreiche, hinreißende, gefallsüchtige Gustaf! Ganz Hamburg stand unter seinem Zauber. Welche Verwandlungsfähigkeit! Welche Virtuosität der Dialogführung, der Mimik, der Gebärde! [...] Gustaf war brillant, witzig, blasiert, mondän. [...] Gustaf war düster und dämonisch, Gustaf war müde und dekadent. Gustaf war von überströmender Lebendigkeit; er war abwechselnd jugendlicher Liebhaber, »père noble«, Intrigant und Bonvivant; er war alles und nichts. Er war der Komödiant *par excellence*. [...] Die erste Begegnung mit Gustaf bleibt mir unvergeßlich. Mit dem Elan eines neurotischen Hermes drang er in unser Hotelzimmer ein. So leichtfüßig war sein Gang, daß man nicht umhinkonnte, seine etwas abgetragenen, aber doch irgendwie sehr schikken Sandalen mit mißtrauischem Blick zu streifen. Gab es dort keine Flügel?« [Der Wendepunkt, S. 163 f.]

Gründgens wiederum scheint die Gesellschaft der weltläufigen Dichterkinder ebenfalls zu genießen. Ob Gründgens nun in erster Linie die Nähe zu Klaus Mann sucht, ob es die Sehnsucht nach einem Leben in bürgerlichen Normen ist – im Gegensatz zu Klaus Mann ist Gründgens bemüht, seine Homosexualität in der Öffentlichkeit zu verbergen – oder ob Gründgens der Gedanke fasziniert, als Schwiegersohn des großen Thomas Mann in andere gesellschaftliche Kreise aufzusteigen – im April verlobt sich Gründgens mit Erika Mann. Am 24. Juli 1926 findet in München die Heirat statt, als Trauzeugen fungieren Thomas Mann und sein Schwager, der Musiker Klaus Pringsheim. Die Hochzeitsreise des ungleichen Paares führt nach Friedrichshafen am Bodensee, von wo Erika Mann ihrer Freundin Pamela Wedekind sehnsüchtige Briefe schreibt. Gründgens und seine Ehefrau beziehen in Hamburg eine gemeinsame Wohnung in der Oberstraße 125, in der zeitweise auch Klaus Mann lebt. Unter Gründgens' Regie erzielt die Schauspielerin Erika Mann einige Achtungserfolge auf der Bühne der Kammerspiele. Ihr Bruder Klaus verfaßt ein zweites Stück für das Quartett, zu dem noch ein weiteres Dichterkind stößt: Als Ausstatterin versucht sich Thea Sternheim, die Tochter Carl Sternheims, der wiederum 1930 Pamela Wedekind heiraten wird. Am 21. April 1927 findet im Alten Theater Leipzig die Uraufführung der »Revue zu Vieren« statt, die anschließend auf einer Tournee auch in anderen Städten gezeigt wird. Gründgens, der das Stück so schrecklich findet, daß er die Regie zeitweilig an Pamela Wedekind abgegeben hat, ist nur in Hamburg und bei einem Gastspiel in Berlin mit von der Partie. Dort erntet er das vernichtende Urteil des Kritikers Herbert Ihering: »Gustaf Gründgens ist ein grober, undifferenzierter Schauspieler.« [Berliner Börsen-Courier, 3.5.1927] Überhaupt ist das Unternehmen künstlerisch ein Fiasko, das Publikum pfeift und randaliert, die Kritiken sind verheerend: »Das Stück und sein Verfasser sind eine Angelegenheit für Psychopathen, nicht fürs Theater.« [Hamburger Zeitung, 26.4.1927] »Über das letzte kleine Malheurchen in der Kinderstube des Hauses Thomas Mann möchte man am liebsten so wenig Worte als möglich machen. [...] Das Stück bezeichnet ungefähr den Übergang vom Wedekindlichen zum Wedekindischen. Poetische Primanerreife nicht einmal erreicht! [...] Raus aus der Literatur!« [Hamburger Nachrichten, 26.4.1927]

Nicht zuletzt über dem skandalösen Mißerfolg der »Revue zu Vieren« zerbrechen die Beziehungen der vier. Pamela Wedekind geht auf Distanz, Gründgens und die Mann-Geschwister entfremden sich. Erika tritt nicht vertragsgemäß an den Kammerspielen auf, sondern Anfang Oktober 1927 mit ihrem Bruder eine neunmonatige Weltreise an. Ein halbes Jahr nach ihrer Rückkehr wird am 9. Januar 1929 die Ehe mit Gründgens geschieden. Klaus Mann aber wird sich zumindest bis zu seiner Emigration emotional nicht völlig von Gründgens lösen können, in seinen Tagebüchern eifersüchtig zufällige Begegnungen mit Gründgens und dessen Freund Charly Forcht notieren und etwas mißgünstig über eine mögliche Eheschließung zwischen Gründgens und Pamela Wedekind spekulieren. 1935 schließlich wird die von den Nationalsozialisten ausgebürgerte Emigrantin Erika Mann, um die britische Staatsbürgerschaft zu erlangen, eine Scheinehe mit dem homosexuellen englischen Lyriker Wysten H. Auden eingehen.

Insgesamt spielt Gründgens in den Jahren 1923 bis 1928 über 70 Rollen an den Hamburger Kammerspielen und zeichnet für rund 30 Inszenierungen verantwortlich. In seiner letzten Hamburger Saison 1927/28 amtiert er in der Nachfolge Heinz Goldbergs (der seinerseits erst im Jahr zuvor Friedrich Brandenburg abgelöst hatte) sogar als Oberspielleiter, die Karriere verläuft optimal; Gründgens erreicht, was man in Hamburg als junger Schauspieler erreichen kann. Daneben gastiert er 1925 am Komödienhaus Berlin, 1926 am Wiener Theater in der Josefstadt, wo er allerdings ohne Erfolg in Hofmannsthals »Cristinas Heimreise« als Florindo an der Seite von Helene Thimig auftritt, und 1928 als Schwiegerling in seiner eigenen Inszenierung von Wedekinds »Liebestrank« an den Münchner Kammerspielen. Vom Hamburger Publikum verabschiedet sich der Protagonist Gründgens als Shakespeares Dänenprinz. Otto Schabbel kommentiert in den Hamburger Nachrichten den Weggang bedauernd: »Prototyp dekadenter Jünglinge und Neurastheniker, hat er sich aus einer gewissen Einseitigkeit zu einem immer größeren Radius entwickelt – von Palme, dem Ewig-Gekränkten, bis gar zum Hamlet. Das Morbide, Brüchige des modernen Nervenmenschen bekam immer mehr Farbe in seiner technisch von Mal zu Mal reiferen Gestaltung. Und auch als Regisseur zeigte er nicht bloß Sinn für parodistische Einfälle. Geist und Geschmackskultur drückte sich in allen seinen Inszenierungen aus ...« [Dok., S. 47]

Berlin 1928–1934

Rückblickend äußert sich Gustaf Gründgens 1932 über seine ersten vier Jahre in Berlin: »Da stellte sich zunächst einmal heraus, daß meine künstlerische Herkunft für meine Berliner Chance gleichgültig war. In der Provinz geleistete Arbeit war bedeutungslos. Berlin steht für sich und hat keinen Kontakt mit dem Theater im Reich. Nichts nützte mir meine fachliche Bewährung: es ging nicht weiter, es fing von vorn an. Nichtssagende Rollen, unwichtige Inszenierungen: nach dem Abitur zurück in die Sexta.« [Wirklichkeit, S. 13 f.] In der Tat, Erfolge an Provinzbühnen – und dazu gehören selbst Ziegels Hamburger und Otto Falckenbergs Münchner Kammerspiele – zählen nicht, die Meriten müssen in der Hauptstadt selbst erworben werden, doch wie kaum woanders winkt auch die Chance, über Nacht zu arrivieren. Die Ignoranz des Berliner Theaterestablishments gegenüber seinem in Hamburg erlangten Starruhm ist indessen nicht der Hauptgrund dafür, daß Gründgens nicht an seine klassischen Rollen anknüpfen kann. Das mondäne Berlin ist zu jener Zeit immer noch die unangefochtene, pulsierende Theatermetropole; trotz der zunehmenden Konkurrenz durch Kinopaläste kämpfen allabendlich weit über 50 Bühnen um die Besucher. Doch das Theater gerät am Ende der 20er Jahre zunehmend in eine künstlerische und ökonomische Krise. Die zahlreichen nichtsubventionierten Privattheater müssen mit zum Teil höchst trivialen Boulevardstücken, erotischen Revuen und der schon für tot erklärten Operette reißerisch um die Gunst des Publikums kämpfen, das sich eskapistisch über die Wirtschaftskrise und die zunehmende politische Polarisierung und Radikalisierung hinwegamüsieren will. Selbst die Reinhardt-Bühnen spielen kaum mehr klassische Dramen, sondern versuchen immer öfter, das noch finanzkräftige Publikum mit Konversationsstük-ken zu unterhalten. Das Verschleudern verbilligter Eintrittskarten, ein verzweifelter Versuch, die halbleeren Häuser zu füllen, beschleunigt den Konkurs mancher Bühnen noch. Kaum ein Besucher zahlt mehr den regulären Kassenpreis, die geforderten und bezahlten Stargagen sind jedoch nach wie vor enorm. Längst bevor 1933 mit der Emigration der führenden deutschen Bühnenkünstler eine Theaterepoche endgültig beendet sein wird, setzt die allmähliche Agonie des Theaters der Weimarer Republik ein. Leopold Jeßner legt 1930 nach heftigen Angriffen nationaler Gruppen die Intendanz des Staatstheaters nieder, dessen Subventionen von 4,6 Millionen Reichsmark im Jahr 1928 auf 2,8 Millionen im Jahr 1932 gekürzt werden – kein Wunder angesichts der Wirtschaftslage: die Zahl der Arbeitslosen steigt im gleichen Zeitraum von zwei auf über sechs Millionen. 1931 muß Aufricht das Theater am Schiffbauerdamm aufgeben, im Juli 1931 schließt die Kroll-oper. Max Reinhardt gibt 1932 den endgültigen Rücktritt von den Direktionsgeschäften bekannt. Zu dieser Zeit stehen den 6.000 in Deutschland beschäftigten Bühnenkünstlern allein in Berlin an die 3.000 arbeitslose Kollegen gegenüber, im ganzen Reich sind es rund 9.000. Das sieben Bühnen umfassende Unternehmen der Gebrüder Rotter, der größte europäische Theaterkonzern, bricht im Januar 1933 zusammen. Verstärkt wird die Krise des Republiktheaters durch den rasch wachsenden Einfluß der Nationalsozialisten. Schon Ende Juni 1932 nimmt der Preußische Landtag mit einfacher Mehrheit einen Antrag der 162 Abgeordnete starken NSDAP-Fraktion an, nach dem »nichtreichsdeutsche« und »nichtdeutschstämmige« Bühnenkünstler zu kündigen und Aufführungen von Stücken »mit pazifistischer oder sittlich destruktiver Tendenz« zu verbieten sind.

Aber dennoch, im Jahr 1928, als Gustaf Gründgens sein Engagement bei Max Reinhardt (* 9.9.1873 Wien, † 31.10.1943 New York) antritt, spielen die führenden Schauspieler Deutschlands – oft ohne sich fest an ein Haus zu binden – an den verschiedenen Berliner Bühnen. Erich Engel, Jürgen Fehling, Gustav Hartung, Heinz Hilpert, Leopold Jeßner, Karl Heinz Martin, Erwin Piscator, Max Reinhardt inszenieren, Eric Charell, Hermann Haller und Rudolf Nelson zeigen ihre erfolgreichen Revuen, Tanzpaläste, Varietés und Kabaretts ziehen ein internationales Publikum an.

Und Gründgens' kritische und wohl auch mit einer gewissen Koketterie formulierte Einschätzung seiner ersten vier Berliner Jahre entspricht nicht ganz der Wirklichkeit. Zwar spielt er zunächst – als Zweitbesetzung – den Verteidiger in Bayard Veillers »Prozeß der Mary Dugan« sowie unter Reinhardts Regie den Lebemann Afremov in Tolstois »Lebendem Leichnam«, beides am Berliner Theater und beides keine künstlerische Herausforderung für Gründgens, zumal er mit seinem kurzen Auftritt in dem Tolstoi-Drama kaum eine Chance hat, neben dem Fedor des Starschauspielers Alexander Moissi aufzufallen. Doch schon mit der dritten Rolle, die zugleich seine Antrittsrolle am Deutschen Theater ist, gelingt Gründgens der Durchbruch in der Reichshauptstadt. Am 23. Oktober 1928 hat unter Heinz Hilperts Regie Ferdinand Bruckners Justizanklage »Die Verbrecher« Premiere, die Reizthemen wie Homosexualität, Abtreibung und Todesstrafe diskutiert. Kapitale Verbrechen bleiben ungesühnt, aus Not begangene kleine Delikte werden von der Klassenjustiz mit harten Strafen geahndet; die moralisch reaktionäre Judikative ist zum Sinnbild des Unrechts verkommen.

Bühnentechnisch ist die sozialkritische Zeitdiagnose durch die Wiederentdeckung der Simultanbühne richtungweisend: Das von Rochus Gliese entworfene Bühnenbild – im ersten und dritten Akt ein dreistöckiges Mietshaus mit je drei Zimmern in den beiden oberen Etagen und einer Schankwirtschaft im Parterre, im zweiten Akt ein Schwurgerichtssaal und verschiedene Gerichtszimmer – erlaubt ein Nebeneinander von Schauplätzen, Figuren und Handlungen, wobei die jeweiligen Räume beinahe filmisch auf- und abgeblendet werden. Frau von Wieg (gespielt von Ilka Grüning) hat ihr zur Obhut überlassenen Schmuck veruntreut. Die Köchin Ernestine Puschek (Lucie Höflich) ermordet aus Eifersucht die Gastwirtin Karla Kudelka (Maria Fein) und lenkt den Verdacht auf ihren Freund, den Kellner Gustav Tunichtgut (eingesprungen für Oskar Homolka: Hans Albers), der daraufhin unschuldig zum Tode verurteilt wird. Josef Berlessen (Erhard Siedel) mißbraucht seine Dienstmädchen, sein Bruder Frank (Mathias Wieman) schwört aus Angst vor dem § 175 vor Gericht einen Meineid. Die Sekretärin Olga Nagerle (Sonik Rainer) tötet ihr Kind, das sie aus Geldmangel nicht ernähren kann. Gustaf Gründgens gibt den sadistischen Ottfried von Wieg, einen zynischen, eiskalten Erpresser und aalglatten Verführer junger Männer zur Homosexualität. Er spielt die Rolle höchst ungern, aber mit durchschlagendem Erfolg, lediglich der Kritiker Herbert Ihering bemängelt seine Darstellung als »zu bewußt charakterisiert«. [Berliner Börsen-Courier, 24.10. 1928] Die Aufführung kann im Deutschen Theater bis Mitte Februar 1929 111mal gezeigt werden. Sie etabliert den Darsteller des Tunichtgut, den bisherigen Stummfilm- und Revueschauspieler Hans Albers, als ernstzunehmenden Künstler und rückt Heinz Hilpert (* 1.3.1890 Berlin, † 25.11.1967 Göttingen) endgültig in die erste Garde der Berliner Regisseure. Für Gründgens ist der große Erfolg jedoch zwiespältig. Er fürchtet sich offenbar vor einer Identifikation von Rolle und Schauspieler: »Mein Auftreten in »Verbrecher« war aus der schieren finanziellen Not geschehen, und ich denke nur mit Entsetzen an diese Rolle zurück, die im fatalsten Gegensatz zu meiner persönlichen Situation stand.« [Briefe, S. 358] »Sie gab ein Bild von mir, und ich bin manchmal ganz verblüfft, wie wenig das Bild, das man von mir hat, mit dem Bild, das ich von mir habe, zusammenpaßt.« [Briefe, S. 339] Gründgens wird aufgrund des durchschlagenden Erfolgs in den »Verbrechern« rasch auf einen bestimmten morbiden Typus festgelegt. Er, der vor allem zu gefallen sucht, schön, sympathisch und charmant sein möchte, von allen geliebt werden will, wird vorzugsweise für aasige, abstoßende Schurken und Hochstapler, moralisch und nervlich gefährdete Neurotiker, affektierte Snobs genutzt. Dekadente, intrigante Charaktere scheinen für ihn wie geschaffen, die Kritik attestiert ihm »einen eigenen Zug von penetranter Intelligenz und feminialer Schnoddrigkeit.« [Deutsche Allgemeine Zeitung, 14.11.1929] Gründgens spielt in den Jahren bis 1932 zahlreiche Rollen dieses Typus': Je mehr er bei Bühne und Film verdient, desto mehr Geld gibt er aus, stürzt sich in finanzielle Schwierigkeiten, nimmt Kredite auf, bittet um Vorschüsse von Theatern, und desto mehr ist er gezwungen, fast wahllos alle Angebote anzunehmen. Das in Hamburg noch mit einem Hauch von Selbstironie erprobte Image des blasierten Monokelträgers mit dem kahlen Kopf und den hellen, stechenden Augen wird in Berlin kultiviert. Einerseits erscheint der private Gründgens vielen als arroganter Snob, der in den mondänsten Berliner Nachtlokalen verkehrt und zu dessen Freundeskreis bald Mitglieder der jeunesse dorée wie der Bankierssohn Francesco von Mendelssohn (* 6.9.1901 Berlin, † 1980 New York) gehören, andererseits frequentiert er auch häufig die Bars und Tanzlokale der schwulen Subkultur und umgibt sich mit der Berliner Halbwelt.

Auch das Kino prägt Gründgens' Image, er wird der meistbeschäftigte Filmschurke jener Jahre. Sein Debüt gibt Gründgens 1930 als Ganove Jean an der Seite von Richard Tauber in dem – unter dem Arbeitstitel »Das Dirnenlied« gedrehten – Sängerfilm »Ich glaub nie mehr an eine Frau«. Innerhalb zweier Jahre folgt ein Dutzend weitere Streifen, Gründgens dreht mit Filmstars wie Lil Dagover, Brigitte Helm, Jenny Jugo, Henny Porten und Olga Tschechowa, ist Partner von Willi Forst, Rudolf Forster, Alexander Granach, Paul Hörbiger und Werner Krauß. Er spielt neben Lilian Harvey und Willy Fritsch, dem Traumpaar des deutschen Films, den Staatsanwalt Dr. Wilke in »Hokus-Pokus« nach dem Bühnenstück von Curt Goetz. In »Danton« mit Fritz Kortner in der Titelrolle und Alexander Granach als Marat ist er als Robespierre zu sehen. Max Ophüls besetzt ihn als den von seiner Frau betrogenen Baron von Eggersdorf im Schnitzler-Film »Liebelei«. Die wohl wichtigste Rolle, die bis heute das Bild von Gründgens prägt, ist aber 1931 der Schränker in Fritz Langs internationalem Filmerfolg »M«, in dem Lang mit grimmigem Humor die durch eine Mordserie ausgelöste Massenhysterie zeichnet, die verheerende Inkompetenz der Polizei und die durch die Polizeirazzien gestörte, straff organisierte Unterwelt, die sich selbst auf die Suche nach dem von Peter Lorre gespielten Kindermörder macht.

In den Jahren bis 1932 tritt Gründgens vor allem an den Berliner Reinhardt-Bühnen und 1929 auch an dessen Wiener Theater in der Josefstadt auf, daneben gastiert er an verschiedenen anderen Berliner Theatern. Gründgens spielt unter der Regie von Max Reinhardt, Karl Heinz Martin und Gustav Hartung. Er verkörpert den intriganten Höfling Bacon in der Uraufführung von Bruckners »Elisabeth von England«, von Heinz Hilpert mit Agnes Straub, Werner Krauß und Adolf Wohlbrück inszeniert, und den Großherzog in Alfred Neumanns »Haus Danieli«, mit Käthe Dorsch und Fritz Kortner in der Regie von Erich Engel. Er wirkt unter Kurt Gerrons Spielleitung neben Ernst Busch und Grethe Weiser in der Nelson-Revue »Glück muß man haben!« mit. Phänomenalen Erfolg hat Gründgens am Theater im Admiralspalast als Herzog von Orléans in Eduard Künnekes Operette »Liselott« mit Käthe Dorsch und Hilde Hildebrand als Partnerinnen, eine Rolle, die Gründgens eigentlich nur annimmt, weil die Gebrüder Rotter versprechen, ihm für die Uraufführung von Brechts »Heiliger Johanna der Schlachthöfe« ihr Theater zur Verfügung zu stellen. Klassische Rollen jedoch fehlen in diesen Jahren fast völlig. Gründgens spielt im Februar 1929 unter Hilperts Regie den Pistol in Shakespeares Komödie »Die lustigen Weiber von Windsor« (mit Werner Krauß als monokeltragendem Falstaff im Smoking) und bei Gastspielen in Wien und München unter Reinhardts Spielleitung den St. Just in »Dantons Tod«. An den Kammerspielen tritt Gründgens im Mai 1930 mit ziemlich mäßigem Erfolg als Orest in Goethes »Iphigenie auf Tauris« auf, inszeniert von dem Dichter Richard Beer-Hofmann und mit Helene Thimig in der Titelrolle. Wiederum in der Regie von Reinhardt selbst verkörpert Gustaf Gründgens im September 1931 am Deutschen Theater den Hofmarschall in Schillers »Kabale und Liebe«, eine der letzten Glanzleistungen des Theatermagiers Reinhardt und ein großer Erfolg für den Schauspieler Gründgens, dessen Kalb, »dümmlich, frech, superarrogant, mit der schäbigen Eleganz eines höfischen Kretins und der albernen Hurtigkeit eines Managers im Zopf« [Luft, S. 9], beinahe zum Zentrum der Aufführung wird.

Als sich prominente Schauspieler 1930 in einer Enquête über

ihre Arbeit mit einem Regisseur äußern sollen, schreibt
Gründgens kokett über sich selbst: »Zunächst ist er der Regisseur, mit dem ich am reibungslosesten arbeite; es gibt zwischen uns keine Meinungsverschiedenheiten. [...] Ein Fanati-
ker der Präzision, ist er ein geschworener Feind alles Zufälligen, Unklaren und Unkontrollierbaren. Der Zuschauer soll
verstehen, was der Schauspieler sagt. Der Schauspieler soll
verstehen, was der Dichter sagt, und der Dichter soll verstehen, was er selber sagt. [...] Wenn er die einfachen und direkt
zu Herz und Sinn sprechenden Schauspieler vorzieht [...], so
findet er auch zu den vertrackteren und komplizierteren den
richtigen Ton: ich habe zum Beispiel immer ganz gut mit ihm
gearbeitet, obwohl ich bestimmt nicht sein schaupielerisches
Ideal bin.« [Wirklichkeit, S. 11 f.]
Schneller noch als der Schauspieler kann sich der Regisseur
Gründgens in Berlin durchsetzen. Er inszeniert allerdings
nicht mehr Shakespeare und Büchner, Wedekind und Jahnn,
wie noch kurz zuvor in Hamburg, sondern – mit beachtli-
chem Erfolg – Unterhaltungsstücke von Somerset Maugham,
Roderich Benedix, André Antoine, Franz Molnár und Vicki
Baum (u.a. die Uraufführung des Kassenerfolgs »Menschen
im Hotel«), meist hervorragend besetzt mit populären Stars
wie Grete Mosheim, Lili Darvas, Hans Albers, Albert Basser-
mann, Käthe Dorsch, Adolf Wohlbrück, Adele Sandrock, Hu-
bert von Meyerinck, Hans Moser oder Maria Bard. Auch die
Uraufführung von Marcellus Schiffers Kammerrevue »Alles
Schwindel!« mit der Musik von Mischa Spoliansky ist ein
Erfolg: »Gründgens hatte eine leichte Hand, eine Fingerfer-
tigkeit, die erfinderisch, unermüdlich, elegant den ganzen Zau-
berkasten des Theaters bediente«, rezensiert Arthur Eloesser
die Inszenierung am Kurfürstendamm-Theater. [Vossische
Zeitung, 14.4.1931]
Die erste interessante und ernsthafte Regieaufgabe ist 1928
die deutsche Erstaufführung von Jean Cocteaus »Orphée«, die
als Nachtvorstellung auf der Bühne der Krolloper gezeigt
wird. Der Dirigent Otto Klemperer, seit kurzem musikali-
scher Leiter des künstlerisch innovativen Hauses, wird auf
Gründgens aufmerksam, und so darf dieser dort ein Jahr spä-

ter – am 27. September 1929 feiert man die Premiere – einen Abend mit Ravels »Spanischer Stunde«, der Oper »Der arme Matrose« von Darius Milhaud und Jean Cocteau sowie Iberts Buffo-Oper »Angélique« in Szene setzen; ausgestattet wird der Abend von Caspar Neher, die musikalische Leitung der drei Einakter hat Alexander von Zemlinsky inne. In einem Interview wird Gründgens 1961 auf diese Arbeit zurückblicken: »Ich habe eigentlich sehr viel gelernt durch Opernregie, weil der Sänger gezwungen ist, das, was er ausdrückt, genau in den Takten auszudrücken, die ihm dafür zur Verfügung stehen [...]. [Mich hat] diese Ordnung, die die Musik also fordert, fasziniert und auch eigentlich meine späteren Inszenierungen, den Stil der Inszenierungen bestimmt.« [Briefe, S. 167] Mit der »Hochzeit des Figaro«, die 1931 im Bühnenbild von Teo Otto und dirigiert von Otto Klemperer ebenfalls an der Krolloper entsteht, erzielt Gründgens einen sensationellen Erfolg, kurz darauf folgt an der Staatsoper Unter den Linden mit »Così fan tutte« eine zweite Mozart-Oper. Gründgens inszeniert die Opern mit großem musikalischem Einfühlungsvermögen und mit einer kaum zuvor gesehenen, unbeschwerten, spielerischen Leichtigkeit. Er löst die konventionellen statuarischen Operntableaus auf zugunsten einer komödiantischen szenischen Umsetzung, fordert den Sängern alles schauspielerische Talent ab, um deren Bühnengestalten zu sinnlichem Leben zu erwecken. 1932 inszeniert und choreographiert Gründgens Meyerbeers »Hugenotten«, musikalisch geleitet von Leo Blech. »Was Gründgens versucht (und auf eine wahrhaft sehenswerte Weise erreicht), ist die delikateste Revision des konventionellen »großen« Opernstils«, lobt die Vossische Zeitung am 29.1.1932. »Die Banditen« von Offenbach setzt Gründgens an der Charlottenburger Städtischen Oper in einer eigenen Neubearbeitung in Szene und steht selbst als Antonio auf der Bühne.

Die Oper kommt Gründgens' Auffassung vom Theater als festlich-entrückter Gegenwelt zum Alltag, wie er sie von seinen Lehrmeistern Louise Dumont und Gustav Lindemann übernommen hat, entgegen: »Die Oper ist heute der reinste Ausdruck jenes *l'art pour l'art*, hinter dem der Mensch sich vor dem Tag zu verstecken versucht. Sie lenkt ihn ab, sie erschüttert ihn, sie erhebt ihn – außerhalb seines realen Lebens. Er, der den ganzen Tag gezwungen ist, Stellung zu nehmen: wirtschaftlich, politisch – darf vor einer Oper ungestört seiner Phantasie und seinen Sehnsüchten freien Lauf lassen. Der Theaterabend soll heute keine Fortsetzung eines von Sorgen zerrissenen Tages sein, er soll in eine andere bessere Welt entführen, deren Sorgen und Kümmernisse den unseren nicht gleichen und zu ihnen wunderbarerweise in gar keiner Beziehung stehen.« [Wirklichkeit, S. 18 f.]

Zu diesem Zeitpunkt hat sich Gründgens bereits endgültig von den Reinhardt-Bühnen gelöst: »Ganz dem Bedarf des Tages hingegeben, nur mit sicheren Faktoren rechnend, stellt man mir immer wieder die gleichen Aufgaben. Ich habe ein Gesicht bekommen, das genügt. Aber ich habe nicht mein Gesicht. Alle leidenschaftlichen Versuche, das zu ändern, scheitern »an den Verhältnissen«. Inzwischen wird meine Position eine derartige, daß man in der Öffentlichkeit beginnt, mich mit den Stücken, die ich inszenieren muß, zu identifizieren. Das geht zu weit. Und ich setze mich zur Wehr. Gegen das Theater. Ich löse einen Vertrag, dessen Erfolge mich diskreditieren. Ich mache mich ungern und gezwungenerweise selbständig, die Theater haben kein Geld, keine Zeit, keine Nerven mehr für systematische Arbeit, wie ich sie gewöhnt bin. Die logische und natürliche Entwicklung ist zerstört. – Ich bin ein Prominenter geworden.« [Wirklichkeit, S. 15]

1932 schließt Gründgens einen Gastvertrag als Regisseur und Darsteller mit den Preußischen Staatstheatern ab. Deren Generalintendant Heinz Tietjen (* 24.6.1881 Tanger, † 30.11. 1967 Baden-Baden) unterstehen sowohl die Oper Unter den Linden – die Krolloper ist gerade geschlossen worden – als auch das Schauspielhaus am Gendarmenmarkt. Zunächst soll Gründgens im September 1932 in der Staatsoper eine Neuinszenierung der Strauss-Oper »Der Rosenkavalier« verantworten, dann am Gendarmenmarkt die Titelrolle in Hauptmanns Drama »Gabriel Schillings Flucht« übernehmen (die dann allerdings nicht Gründgens, sondern Werner Krauß verkörpern wird) und darauf laut Vertrag entweder die Rolle des Mephistopheles in beiden Teilen des »Faust« spielen oder das Gesamtwerk selbst in Szene setzen. Die geplante Realisierung des »Faust« im Goethe-Jahr 1932 hatte schon im Frühling heftige Unruhe verursacht. Nachdem Leopold Jeßner, der das Schauspielhaus am Gendarmenmarkt seit 1919 geleitet hatte, nach heftigen Angriffen der Reaktion (und dem eklatanten Mißerfolg von Reyhers Boxerstück »Harte Bandagen«) am 10. Januar 1930 von der Direktion zurückgetreten war, hatte man das Schauspielhaus und das damals angeschlossene Schiller-Theater dem Generalintendanten der Staatsoper, Heinz Tietjen, unterstellt, der wiederum Ernst Legal mit der künstlerischen Leitung beauftragt hatte. Dieser hatte sich pflichtschuldigst vorgenommen, zum 100. Todestag Goethes am 22. März 1932 dessen »Faust« herauszubringen, war jedoch gescheitert und mitten in der Vorbereitung der Inszenierung am 12. März als Intendant des Staatsschauspiels zurückgetreten. Auch Gründgens war als Nachfolger Legals im Gespräch gewesen, schließlich hatte man aber Albert Patry, Schauspieldirektor schon unter Jeßner, mit der kommissarischen Leitung betraut.

Am 2. Dezember 1932 kann endlich die Premiere des ersten Teils von Goethes »Faust« stattfinden, inszeniert von Lothar Müthel (* 18.2.1896 Berlin, † 4.9.1964 Frankfurt a.M.) mit Werner Krauß in der Titelrolle, Käthe Gold als Margarete, Elsa Wagner als Marthe Schwerdtlein, Alexander Granach als Erdgeist, Veit Harlan als Schüler und Bernhard Minetti als Wagner. Gründgens spielt, wie sein Gastvertrag mit den Staatstheatern es vorsieht, den Mephistopheles, der zur Rolle seines Lebens werden wird: »kahlgeschoren, mit feistem Hals, fistelnd wie ein Eunuch aus der Burleske der »Turandot«.« [BZ am Mittag, 3.12.1932] »Eins kann man nicht leugnen: Spannung erzeugt ein Schauspieler wie Gustaf Gründgens, wo immer er auftritt. [...] Gründgens spielt den Agenten Fausts, einen Manager Schmelings, einen Stellenvermittler der Hölle. Er agiert und treibt an, ein Demagoge, ein Unterhändler. [...] Er ist Kabarettsänger und Charleys Tante, Kavalier und zierige Dame. Er blitzt und funkelt. Er spielt ein naives Zaubermädchen mit lächelndem Snobismus. Er spielt hundert Varia-

tionen über das Thema Mephisto, aber niemals das Thema selbst. Er spielt Bemerkungen zum Mephisto, witzige Fußnoten gegen die Goethe-Philologen, aber niemals den neuen, modernen Mephisto selbst«, kritisiert Herbert Ihering im Berliner Börsen-Courier vom 3.12.1932 die Darstellung. Alfred Kerr lobt im Berliner Tageblatt ebenfalls vom 3.12.1932: »Der Abend hieß, geistpoetisch gesehen, Gustaf (dieser Vorname läßt sich nicht verheimlichen) Gründgens. [...] Las er, wie Kainz ihn gespielt hat? [...] Gründgens besaß nicht alles das. Doch er ist, ist, ist einer von den Unsren. Mit ironischem Geist ... und mit einem Schimmer von – beinah Sehnsucht, die nicht vortritt. Ein »Gegenschöpfer« [...]. Ein, im Grunde, Rechtsuchender; ein das Weltethos Überblickender; ein witzig es Nachprüfender. Mehr als Faust. [...] Gründgens, in seinem Beginn mißkannt, dann keß im Aufstieg, ist in diesem malerischen und verständlich gegliederten Faustversuch (ohne Gretchen, ohne Liebhaber, ohne Schmerz), nochmals, das sicherste Plus.« Als Minus sozusagen wertet man hingegen den Faust des großen Werner Krauß: »Er unterliegt ganz einfach der Gründgensschen Suggestion. Er wird lustlos, mürrisch. Nach der Pause wäre er bereits durch hundert andere zu ersetzen. [...] Gründgens läßt kein Wort ungenutzt; er spielt durch Krauß hindurch, spielt ihn an die Wand. Der erste Schauspieler Deutschlands verlor an diesem Abend eine Position; Gründgens spielte sich in die vorderste Front.« [Berliner Fremden-Zeitung, 3.12.1932]
Den zweiten Teil des »Faust« inszeniert Gustav Lindemann, der das Werk bereits in Düsseldorf erfolgreich in Szene gesetzt hat, eine Entscheidung, die auf Kritik stößt: »Wir bekamen also die Düsseldorfer Fassung des »Faust« mit Berliner Kräften vorgesetzt. Ist das für die erste Theaterstadt der Welt nicht ein bißchen blamabel?« [Neue Zürcher Zeitung, 27.1. 1933] Premiere des seit 1911 in Berlin nicht mehr aufgeführten »Faust II« ist am 21. Januar 1933, es spielen wiederum Krauß und Gründgens (schon im Februar werden allerdings Walter Franck und Alexander Granach übernehmen, später Lothar Müthel und Bernhard Minetti), Eleonora von Mendelssohn, die Schwester von Gründgens' Freund Francesco, ver-

körpert die Helena, Hans Otto den Kaiser, Paul Bildt den Kanzler und Wolfgang Heinz den Schatzmeister. Die Aufführung wird zum letzten großen Theatererfolg, zum »Schwanengesang« der Weimarer Republik. Gründgens spielt unter Lindemanns vom Wort ausgehender, auf Entstofflichung, Transparenz und Objektivierung zielender Regie den schmählich betrogenen Teufel wesentlich disziplinierter und formsicherer als im ersten Teil; Krauß wiederum, der sich von Gründgens hatte überspielen lassen, hält nun kunst- und kraftvoll dagegen. Herbert Ihering befindet im Börsen-Courier vom 23.1.1933 über Gründgens: »Sein Mephisto hat dieselbe Elastizität wie im ersten Teil, aber er bricht niemals aus. Unter der Regie von Gustav Lindemann hält Gründgens sich im Rahmen und wahrt die Form. Die geistige Verarbeitung des Verses ist musterhaft, die dramatische Schlagkraft außerordentlich, die Leichtigkeit bezaubernd. Gründgens schillert und funkelt und bleibt in jedem Satz diszipliniert.« Und Alfred Kerr rezensiert im Berliner Tagblatt vom selben Tag: »Die stärkste Seelenkraft, die Geisteskraft ist bei diesem Mephistopheles. Immer mehr kommt es bei Gründgens auf den gefallenen Engel hinaus. (Dermalen Josef Kainz.) Zwar ein saftig-tierisches Denkergeschöpf – doch mit Schwermutschatten. Diese Schwermut hißt er im Engelkampf leider am falschen Ort. Hier nicht, bitte! Die Racker sind von hinten appetitlich anzusehen? Also unweinerlich; höllenhumorig. Zuletzt macht er einen verzweifelten Gestus ... nach oben. Auch diese Gebärde haftet.«

Kurz nach 11 Uhr ernennt am 30. Januar 1933 Reichspräsident Paul von Hindenburg Adolf Hitler zum Reichskanzler, am 1. Februar löst Hindenburg auf Drängen Hitlers den Reichstag auf und ordnet für den 5. März Neuwahlen an. Demonstrationsverbote werden erlassen, die Verordnung des Reichspräsidenten vom 4. Februar zum »Schutze des deutschen Volkes« schränkt die Rede- und Pressefreiheit drastisch ein. Am 14. Februar wird der wenig profilierte Franz Ulbrich (* 22.1.1885 Bärenstein, † 6.12.1950 Kassel), der seit 1924 das Nationaltheater Weimar mit der Tendenz zum pietätvoll Feierlichen geführt hatte, zum neuen Intendanten des Staatstheaters ab 1. März berufen, in der Leitung gleichberechtigt mit dem nun zum Ersten Dramaturgen ernannten Schriftsteller und SS-Mitglied Hanns Johst. Noch vor deren offiziellem Amtsantritt erhalten einige jüdische oder politisch linksstehende Ensemblemitglieder die Kündigung. Der prominenteste von ihnen, Alexander Granach, wird – bevor er ins Exil geht – erfolgreich gegen den Preußischen Staat prozessieren und vier Jahresgagen Abfindung erhalten. Der ebenfalls gekündigte Kommunist Hans Otto, jugendlicher Held des Theaters, wird am 23. Mai als Kaiser im zweiten Teil des »Faust« zum letzten Mal auftreten, dann ungeachtet eintreffender Engagementsangebote aus Wien, Prag und Zürich in Berlin in die Illegalität untertauchen. Am 13. November wird Otto von der SA in einem Café entdeckt und verhaftet und am 24. November, durch die Folter der SA und der Gestapo schon zu Tode geschunden, aus einem Fenster gestürzt werden. Offiziell wird Selbstmord als Todesursache angegeben, die Teilnahme am – von Gustaf Gründgens bezahlten – Begräbnis den Kollegen verboten werden. Bertolt Brecht wird die Frage nach Ottos Verbleiben stellen, in einem offenen Brief an den Schauspieler Heinrich George, der sich, obwohl vor kurzem noch ebenfalls politisch links-orientiert, rasch den Nazis angebiedert hat. Und Gustav Hartung, der Gründer der Festspiele Heidelberg, wird aus dem Schweizer Exil anklagen: »Ich protestiere dagegen, daß deutsche Schauspieler unter der Schirmherrschaft des [...] Freundverräters, Mordaufwieglers und Mordgesellen Joseph Goebbels auftreten, der einen der ihren und edelsten einen: Hans Otto erschlagen ließ und ihnen [...] verbot, dem mißhandelten Leib, dem Gefäß hoher Gedanken, das Geleit zur letzten Ruhe zu geben.« [Staatsarchiv Basel, F 10c]

Am 27. Februar 1933 werden diese Kündigungen ausgesprochen, und während am Abend desselben Tages der Reichstag brennt, finden im Deutschen Theater die Endproben von Max Reinhardts letzter Inszenierung in Deutschland, Hofmannsthals »Großem Welttheater« statt. Tags darauf setzt die »Verordnung des Reichspräsidenten zum Schutz von Volk und Staat« die demokratischen Grundrechte der Weimarer Verfassung außer Kraft, und die KPD wird verboten. Zeitgleich mit

Reinhardts Inszenierung hat am Abend des 1. März auch die letzte Regiearbeit Leopold Jeßners am Staatstheater Premiere, der, bittere Ironie des Schicksals, ausgerechnet Billingers Schollen-Drama »Rosse« in Szene setzt. Und am selben Tag treten Ulbrich und Johst als Nachfolger Patrys offiziell die Leitung des Hauses an. Bei der Reichstagswahl am 5. März erringen die Nationalsozialisten 44 Prozent der Stimmen. Am Tag darauf beginnen auf dem Berliner Kurfürstendamm planmäßige Übergriffe auf jüdische Bürger, die Börse reagiert auf den Wahlausgang mit einer verstärkten Hausse. Max Reinhardt verläßt Deutschland am 8. März. Die Zahl der Bühnenkünstler, die zu dieser Zeit bereits emigriert sind oder in den folgenden Wochen und Monaten ins Exil gehen werden, ist groß: Victor Barnowsky, Elisabeth Bergner, Curt Bois, Ernst Deutsch, Tilla Durieux, Carl Ebert, Therese Giehse, Oskar Homolka, Leopold Jeßner, Fritz Kortner, Wolfgang Langhoff, Leopold Lindtberg, Peter Lorre, Lucie Mannheim, Fritzi Massary, Eleonora und Francesco von Mendelssohn, Alexander Moissi, Grete Mosheim, Carola Neher, Max Pallenberg, Joseph Schmidt, Richard Tauber, Conrad Veidt, Adolf Wohlbrück sind nur einige wenige von rund 4.000 Theaterleuten. Auch Kritiker wie Julius Bab, Emil Faktor, Monty Jacobs oder Alfred Kerr und etwa 1.500 Schriftsteller, darunter Dramatiker wie Bertolt Brecht, Ferdinand Bruckner, Georg Kaiser, Ernst Toller und Carl Zuckmayer, gehen ins Exil. Einige von ihnen wird man mit der totalitären Systemen inhärenten Willkür versuchen zurückzuholen: Im Sommer 1933 übermittelt Werner Krauß Max Reinhardt das Angebot Goebbels', als »Ehrenarier« ins Reich zurückzukehren, Edward Gordon Craig soll den aus politischen Gründen emigrierten Erwin Piscator für die Nationalsozialisten gewinnen. Viele andere exilierte Bühnen- und Filmkünstler allerdings werden später in besetzten Ländern in die Fänge der Nazi-Schergen geraten und in Konzentrationslagern ermordet werden, darunter auch einige populäre Kollegen, mit denen Gründgens Theater gespielt oder gefilmt hatte, wie Max Ehrlich, Kurt Gerron, Fritz Grünbaum, Willy Rosen und Otto Wallburg.
Und Gustaf Gründgens, der als typischer Repräsentant der

»Systemzeit« und als Sympathisant der Linken gilt, selbst? Gründgens ist, als sich der Machtwechsel vollzieht, zu Außenaufnahmen für den UFA-Film »Die schönen Tage von Aranjuez« in Spanien. Als er nach Berlin zurückkehrt, haben viele seiner Kollegen Deutschland bereits verlassen. Im Frühjahr hält er sich erneut im Ausland auf, arbeitet in Paris zusammen mit Curt Alexander an einem Drehbuch für einen Film des ungarischen Operettenstars Gitta Alpár. Freunde raten Gründgens, in Paris zu bleiben, auch diesmal kehrt er, der glaubt, als deutschsprachiger Schauspieler keine Arbeitsmöglichkeiten in Frankreich zu finden, ins Dritte Reich zurück, Alexander, der jüdischer Abstammung ist, bleibt in Paris. »Warum mußte ich zurückfahren? Weil ich in diesem Zeitpunkt für das Wohl und Wehe von fünf Menschen verantwortlich war; das waren zunächst meine Eltern und dann ein Freund von mir, der sich kommunistisch stark exponiert hatte [Jan Kurzke, d.V.], meine jüdische Freundin Ida Liebmann und als fünfter ein Freund von mir, dem ich noch 1944 nach Schweden verhalf und der heute in Amerika lebt. Diese fünf Menschen lebten in meinem Haus in der Hagenstraße. Sie gehörten zu meinem Haushalt [...].« [Briefe, S. 75] Max Reinhardts Sohn Gottfried allerdings klagt an: »Wäre ein Gründgens nicht prompt nach Hitlers Ernennung aus Spanien heim ins Reich geeilt, um die durch den Führer führerlos gewordenen Staatstheater in Berlin zu übernehmen, oder hätte ein Hilpert sich geweigert, die ehemaligen Reinhardt-Bühnen – im Reinhardtschen Stil – zu leiten [...], kurz: Wenn die Elite der deutschen Kunst, Wissenschaft, Wirtschaft und des Militärs sich nicht so eifrig den Totengräbern Deutschlands zur Verfügung gestellt hätte, so wäre ihr nicht das geringste passiert, zweitens hätten sich Hitler und seine Komplizen weit schwerer getan, das Land der Dichter und Denker in den Griff zu bekommen und das der Massenmörder in Gang zu bringen.« [Der Liebhaber, S. 202 f.]

Zum ersten Geburtstag Hitlers als Reichskanzler wird am 20. April Johsts Schauspiel »Schlageter« aufgeführt, in dem das Dritte Reich sich feiert. Der Freikorpskämpfer Albert Leo Schlageter, Bauernsohn aus Schönau im Schwarzwald,

seit 1922 in der NSDAP, war wegen Sabotageakten im Ruhr-
gebiet von einem französischen Kriegsgericht zum Tode verurteilt und am 23. Mai 1923 hingerichtet worden. Die Nationalsozialisten glorifizierten ihn zum Märtyrer, zum National-
helden, zum »ersten Soldaten des Dritten Reiches«, so Hanns
Johst. Dessen Hitler »in liebender Verehrung und unverwan-
delbarer Treue« gewidmetes Stück setzt am Staatstheater der
neue Intendant Ulbrich in Szene, mit einer Besetzung von
wohl einmaliger Heterogenität: mit Lothar Müthel, der kurz
darauf am 1. Mai in die NSDAP eintritt, in der Titelrolle, mit
Görings Verlobter Emmy Sonnemann, die am 10. April 1935
dessen Ehefrau und damit – in Konkurrenz zu Magda Goebbels – First Lady des Reichs werden wird, mit Albert Basser-
mann, der bald darauf zusammen mit seiner jüdischen Ehefrau Else ins Schweizer Exil gehen wird, mit Paul Bildt, ebenfalls mit einer Jüdin verheiratet, mit dem späteren NS-Propa-
gandafilmregisseur Veit Harlan, mit Alexis Posse, im Mai 1931
zum Gaukunstwart der NSDAP in Sachsen ernannt ... Die
Aufführung, die von vielen mehr als nationaler Akt denn als
Theatervorstellung empfunden wird, endet mit dem gemeinsamen Gesang des Horst-Wessel-Liedes.
Gründgens, der nur als Gast am Staatstheater verpflichtet ist,
wirkt in dieser Aufführung nicht mit. Überhaupt spielt er
unter Ulbrichs Intendanz nur drei Rollen: In Hermann Bahrs
Lustspiel »Das Konzert« gibt Gründgens den Dr. Jura, Hans
Leibelt verkörpert Gustav Heink, Emmy Sonnemann dessen
Frau Marie, Premiere ist am 13. Oktober 1933. Am 17. Januar 1934 folgt – mit »einem nicht immer ganz glaubhaften Pathos« (so die Morgenpost vom 18.1.1934) – Friedrich II. in
Hermann von Boettichers dramatisierter Preußen-Historie
»Der König« und kurz darauf unter Ulbrichs Regie der Fouché in »Hundert Tage«, einem Napoleon-Drama gegen die
parlamentarische Demokratie, verfaßt vom Puccini-Libretti-
sten Giovacchino Forzano nach detaillierten Vorschlägen des
italienischen Diktators Benito Mussolini persönlich. Zu diesem Zeitpunkt verhandeln Göring, Tietjen und Gründgens
bereits über dessen bevorstehende Berufung zum Theaterleiter.

Intendant des Staatstheaters 1934–1944

Laut dem Gesetz über die Neuordnung der Verwaltung der Staatlichen Theater in Berlin vom 18. Januar 1934 und der Verfassung der Preußischen Staatstheater vom 7. Februar 1934 unterstehen diese nicht mehr wie bisher dem Ministerium für Wissenschaft, Kunst und Volksbildung, sondern nunmehr unmittelbar dem Preußischen Ministerpräsidenten und Innenminister Hermann Göring. Am 26. Februar 1934 beauftragt dieser den gerade erst 34jährigen Gründgens mit der künstlerischen Leitung des Staatsschauspiels. Alle übrigen Bühnen des Reichs und vor allem auch die gesamte Filmindustrie sind dem Reichsminister für Volksaufklärung und Propaganda, Joseph Goebbels, unterstellt, der sich zusehends zum Rivalen Görings um die Macht entwickelt. Der Ehrgeiz Görings, diesen Theatern die künstlerisch beste und glanzvollste Bühne des Reichs entgegenzusetzen, ist erheblich, der künstlerisch mittelmäßige Franz Ulbrich allerdings ein Hindernis dabei. Hermann Göring bewundert Gründgens als Schauspieler, seit er ihn im zweiten Teil des »Faust« gesehen hat, zudem hatte sich Gründgens in Berlin ja längst auch als fähiger Regisseur ausgewiesen, insbesondere durch seine Operninszenierungen. Görings Aufmerksamkeit auf Gründgens mag noch gesteigert worden sein durch den gemeinsamen Auftritt von Gründgens und Emmy Sonnemann im »Konzert«. Vor allem aber war es wohl der Generalintendant Tietjen gewesen, der vorgeschlagen hatte, Gründgens mit der Leitung des Staatstheaters zu betrauen. Erich Ziegel wird 1945 in einer eidesstattlichen Erklärung versichern: »Als Gründgens von Göring den Auftrag bekam, die Leitung des Berliner Staatstheaters zu übernehmen, hat er sich mit mir und meiner Frau (Mirjam Horwitz) ausführlich beraten. Wie ich aus diesem Gespräch weiß, war für ihn schließlich entscheidend die Zuversicht, in dieser Stellung, für die ihm Göring weitgehendste Freiheiten zugesichert hatte, auf künstlerischem und vor allem menschlichem Gebiet viel Gutes durchsetzen und viel Schlechtes verhindern zu können.« [Briefe, S. 17] Am 1. März 1934 tritt Gründgens sein Amt als kommissarischer Leiter des Schauspielhauses an, offiziell nur als Stellvertreter des für einen »besonderen Auftrag, der auf längere Zeit berechnet ist«, herangezogenen Intendanten Ulbrich, de facto aber mit einem bis zum 1.8.1940 gültigen Vertrag (der 1935 durch einen anderen abgelöst werden wird).

Tut Gründgens dies tatsächlich voller altruistischen Verantwortungsbewußtseins? Sich aufopfernd, um Schlimmeres zu verhindern, aber zwangsweise in Kauf nehmend, damit zur Salonfähigkeit des Nationalsozialismus beizutragen? Oder doch aus skrupellosem karrieristischen Ehrgeiz, ein Opportunist, oder, wie es Klaus Mann in seinem Roman »Mephisto« formulieren wird: »ein Affe der Macht und ein Clown zur Zerstreuung der Mörder«? Aus der »Lust am riskanten Spiel«, so Karl-Heinz Ruppel, einen Tanz »auf dem Hohen Seil, und das ohne Sicherungsnetz« wagend, so Peter Suhrkamp? Gründgens selbst äußert sich 1958 in einem Brief an den Theaterkritiker Friedrich Luft so: »Ich habe damals – wie die meisten von uns – nicht für möglich gehalten, daß sich das neue Regime so lange würde halten können, und sah meine Aufgabe darin [...], die Staatstheater, die mir völlig überraschend und ohne lange Vorgeschichte zufielen, über diese Spanne der Torheit hinüberzuretten.« [Briefe, S. 359] Hätte Gründgens das Angebot Görings ausschlagen und dennoch in Deutschland seine Karriere fortsetzen können, oder hätte seine Weigerung die Emigration zur Folge haben müssen? Eine Unterredung mit Goebbels am 9. April 1934 hat Gründgens selbst protokolliert: »Drei Dinge hätten mich im wesentlichen zur Annahme der neuen Aufgabe bewogen: 1. Die Tatsache, daß man überhaupt auf mich gekommen ist. 2. Die Bekanntschaft mit dem Führer. 3. Der Satz des Ministers von dem ersten Atemzug, den die neue Zeit gerade gemacht hätte. Gerade diese Unzufriedenheit mit den augenblicklichen Zuständen hätte ich als beruhigend empfunden, da sie ja wirklich Anlaß zur Unzufriedenheit gäben.« [Briefe, S. 25] Hat Gründgens gegenüber Goebbels lediglich taktiert? Oder ist die Entscheidung für Gründgens wirklich nicht von Göring allein, sondern im Einvernehmen mit Goebbels, Himmler und eben auch Hitler höchstpersönlich getroffen worden, wie es etwa die Neue Weltbühne am 28.6.1934 behauptet? Weiter rekapituliert Gründgens im erwähnten Protokoll: »Das Angebot, vom Ober-Regisseur anfangend, Verhandlungen durch 4 1/2 Wochen hindurch bis zu meiner heutigen Stellung.« Heißt dies, daß Gründgens die Staatstheater keineswegs so »überraschend und ohne lange Vorgeschichte zufielen«, wie er nach dem Krieg glauben machen will?

Vergeblich bemüht sich Gründgens im März 1934 bei der Reichsdramaturgie um die Freigabe von Georg Kaisers Drama »Der gerettete Alkibiades«. Als einziges Stück in der laufenden Spielzeit setzt der am 15. April von Göring mit dem Titel eines Preußischen Staatsschauspielers ausgezeichnete Gründgens am 30. Mai 1934 Hans Schwarz' »Rebell in England« in Szene. Ansonsten hält er sich künstlerisch zurück, beklagt das mangelnde Niveau des Staatstheaters und sorgt dafür, daß die noch von Ulbrich und Johst vertraglich zur Aufführung angenommenen NS-Dramen in rascher Folge Premiere haben und abgespielt werden, bevor er selbst als Intendant die Verantwortung tragen muß. Am 26. September 1934 hat mit Lessings Lustspiel »Minna von Barnhelm« die erste Klassiker-Inszenierung von Gründgens in Berlin überhaupt Premiere, mit einer fraulich-damenhaften Emmy Sonnemann in der Titelrolle, Paul Hartmann als Tellheim, Lotte Betke als Franziska, Eugen Klöpfer als Just und mit Gründgens selbst, der virtuos und mit spektakulärem Erfolg in der wirkungsvollen Rolle des ramponierten Hochstaplers Riccaut glänzt.

Fünf Tage später, am 1. Oktober, tritt Gründgens offiziell sein neues Amt an. Er übernimmt zwar ein Theater, das unter Jeßners Leitung künstlerisch weit bessere Zeiten gesehen hat, dessen Ensemble aber nach wie vor erstklassig ist: Jürgen Fehling, Lothar Müthel und Erich Engel inszenieren, Rochus Gliese fungiert als Ausstattungsleiter. Unter den Schauspielern finden sich erste Kräfte wie Paul Bildt, Walter Franck, Friedrich Kayßler, Maria Koppenhöfer, Bernhard Minetti und Elsa Wagner, daneben aber vor allem auch eine ganze Reihe hervorragender Chargenspieler. Zudem bindet Gründgens zumindest zeitweise herausragende Charakterdarsteller wie Emil Jannings, Eugen Klöpfer, Werner Krauß und Paul Wegener an sein Haus. Gründgens' erste Neuengagements gelten Hermine Körner, Käthe Gold und Paul Hartmann, in den kommenden Jahren werden u.a. Käthe Dorsch, Max Eckard, Elisabeth Flickenschildt, Ruth Hellberg, Marianne Hoppe, Paul Henckels, Gustav Knuth, Viktor de Kowa, Theo Lingen, Heinz Rühmann und Hilde Weißner folgen sowie – aus der Schauspielschule des Staatstheaters hervorgegangen – Ullrich Haupt, Lola Müthel, Erich Schellow, Friedrich Schoenfelder, Antje Weisgerber und Kurt Weitkamp, schließlich die Regisseure Ulrich Erfurth, Helmut Käutner, Wolfgang Liebeneiner und Karl-Heinz Stroux.

Die beiden Teile des »Faust« werden zu Beginn der Spielzeit 1934/35, basierend auf den Inszenierungen von Müthel und Lindemann, teilweise umbesetzt und von Gründgens leicht überarbeitet, ins Repertoire übernommen, ohne jedoch die beiden ursprünglichen Regisseure zu nennen. Der Schauspieler Gustaf Gründgens dominiert die Szene als Bolingbroke in Scribes »Glas Wasser«, von Jürgen Fehling (* 1.3.1885 Lübeck, † 16.6.1968 Hamburg) mit Hermine Körner als Herzogin und Käthe Gold als Königin am 26. Oktober in Szene gesetzt. Am 23. Dezember 1934 folgt mit »König Lear« die erste Shakespeare-Inszenierung Gründgens', die vor allem durch die Besetzung mit den ersten Kräften des von ihm in kurzer Zeit bereits wesentlich ergänzten Ensembles beeindruckt. Die vom nationalsozialistischen Völkischen Beobachter hochgelobte Inszenierung bleibt jedoch in ihrer eindeutigen Klarheit eine Flucht in einen gewissen Formalismus, aus Angst vor dem Chaos, wohl auch vor der offenen Form der Shakespeare-Tragödie, zu unpersönlich und kühl. Die strenge, fast opernhafte Stilisierung verhindert die tragische Wucht, den sinnlichen Blick in die Abgründe des Menschen. Gründgens scheint den großen Apparat des Staatstheaters und dessen enormes Ensemble noch nicht mit der Sicherheit der späteren Jahre zu beherrschen.

Doch ungeachtet dessen: Mit 34 Jahren ist Gründgens mehr als nur ein arrivierter Künstler. Er ist der bedeutendste Theatermann Deutschlands, der Leiter des wichtigsten Theaters und dort zugleich sein eigener Protagonist auf der Bühne. Ein Intendant mit einem außergewöhnlichen Organisationstalent und enormen Führungsqualitäten, mit stupender Menschenkenntnis, sicher mit einem gewissen Geschick, sich gegenüber den totalitären Machthabern diplomatisch taktierend zu verhalten, aber auch mit preußisch-pflichtbewußter Selbstdisziplin. Stets ist er bemüht, über jeden noch so marginal erscheinenden Vorgang im Theater Bescheid zu wissen und protokolliert akribisch alle Unterredungen. Rasch lernt er die Vornamen sämtlicher Bühnenarbeiter auswendig und prägt sich oftmals sogar deren Familienverhältnisse ein. Beliebteste Bettlektüre des Vicki-Baum-Fans Gründgens wird nun das Bühnenjahrbuch, das ihn darüber informiert, wer gerade an welchem Theater engagiert ist.

Der arbeitsame Gründgens ist aber auch ein Bühnen- und Filmstar mit fürstlichem Lebensstandard. Im Jahr 1934 erwirbt er vom Erben des jüdischen Bankiers Ernst Goldschmidt das feudale Herrenhaus des 25 km südöstlich von Berlin bei Königs Wusterhausen gelegenen Gutes Zeesen, mit Hilfe eines Anwalts, der Mitglied der SA ist, und zu einem so verdächtig günstigen Preis, daß rund 60 Jahre später der Adoptivsohn Gründgens' und Rudolf Goldschmidt den Streit um die Besitzansprüche vor Gericht austragen werden.

Doch in den letzten Tagen dieses für Gründgens so erfolgreichen Jahres 1934, also nur wenige Wochen nach seinem offiziellen Amtsantritt als Intendant, schickt Gründgens an den Generalintendanten Tietjen ein Rücktrittsgesuch, dessen eigentlicher Adressat Göring ist: »Ich kann der Einladung des Herrn Ministerpräsidenten heute nicht Folge leisten; ich kann nicht Gast sein, wenn ich weiß, daß Sie ihm nur Stunden später eine Nachricht bringen müssen, die ihn in seiner Gradheit und Großherzigkeit verwundern, erschrecken oder vielleicht sogar kränken muß. Mir ist seit gestern alles noch viel klarer, nachdem ich in Worte faßte, was ich seit langem mit mir herumtrug; und es formuliert sich zwangsläufig zu einem ausgesprochenen Rücktrittsgesuch. [...] Ich habe keinen Grund, der im Haus, im Betrieb oder gar in der Einstellung des Chefs zu mir läge. […] Der einzig zwingende Grund sind die wiederholten Aktionen gegen eine bestimmte Gruppe von Menschen, mit denen ich mich keineswegs identifiziere, mit denen man mich aber identifiziert. Und ich würde mich eher in Stücke hauen lassen, ehe ich in dieser Sache ein Wort zu meiner Verteidigung über die Lippen brächte. Zehn Jahre meines Lebens – in denen die Kunst nur die Hilfe und der Ausgleich war – galten der Meisterung und Beherrschung meines privaten Menschen; und daß ein Mensch wie ich durch alles durch muß, um es zu erkennen, ist klar. Und nur die Tatsache, daß heute alles in meinem Leben strengsten, persönlichsten Gesetzen unterworfen ist, befähigt mich, auch auf meinen Beruf diese Gesetzmäßigkeit und Zucht alles Künstlerischen auszudehnen. […] Wird aber dieses Private, auf dessen Führung ich stolzer bin als auf alle äußeren Erfolge, angetastet, so werden damit die Quellen verstopft, aus denen ich alle Kraft für meine künstlerischen Aufgaben ziehe. […] Das Staatliche Schauspielhaus ist da, wo es hingehört: an der Spitze der deutschen Bühnen. Das soll mich nicht zu Forderungen berechtigen, sondern nur zu der Frage: Darf ich jetzt gehen? Darf ich jetzt von einem Amt zurücktreten, das mir eine kaum zu leistende Arbeitslast aufbürdet und als Ausgleich dafür mich und das Leben meiner Angehörigen immer schwerer gefährdet? Ich bin uninteressant als Schauspieler und Regisseur […]. Der Intendant des Staatlichen Schauspielhauses aber ist ein Begriff, […] der immer angreifbarer wird! Angreifbarer da, wo er sich nie wird verteidigen können und wollen. Bei der heute herrschenden Strömung, die, wie unsichtbar auch immer, doch an mich herangetragen wird, bin ich für das Haus und die Stellung nicht tragbar. Ich sehe das ganz hart und klar.« [Riess, S. 140 f.]

Schon kurz nach der Ermordung des homosexuellen SA-Führers Ernst Röhm am 1. Juli 1934 hatte Gründgens die Emigration erwogen, Ende 1934 nehmen die Verfolgungen Homosexueller zu. Gründgens tritt in seinem Brief an Tietjen wenn auch indirekt für die Homosexuellen ein, ohne sich expressis verbis mit ihnen zu identifizieren – ist dieser Brief also ein Dokument des Muts und zugleich diplomatisch-geschickter

Distanzierung? Ein raffinierter Schachzug, um aus der direkten Schußlinie zu geraten, ein Taktieren, weitab jeglicher ernstgemeinter Rücktrittsabsichten? Gründgens schmeichelt Göring, zugleich weist er nicht uneitel auf seine bisher erbrachten Leistungen hin und stellt die Bedingungen klar, unter denen nur er seine künstlerische Arbeit fortsetzen würde. Der Brief scheint dem Wunsch nach Absicherung entsprungen. Ist sich Gründgens so gewiß, für Göring unentbehrlich zu sein? Man wird wohl nicht in Frage stellen wollen, daß Gründgens' Brief gewagt ist. Und die Gefährdung des bekanntermaßen homosexuellen Gründgens läßt sich kaum bestreiten. Selbst der exilierte Klaus Mann notiert am 23.12.1934 in sein Tagebuch: »Die neuen antischwuhlen [sic] Aktionen. Gustafs fatale Lage. In solchen Häuten möchte man nicht stecken.« [Tagebücher 1934–1935, S. 80] Und in einem Brief an Franz Goldstein schreibt Mann: »Ich höre auch, daß unser alter Gustaf recht gefährdet war – oder ist? – und nur zur Not noch durch die Gunst eines noch-mächtigen Protektors gehalten wird – der aber seinerseits stürzen kann, über Nacht.« [Klaus Mann, Briefe, S. 200] Eine so knappe wie kluge Einschätzung der Situation. Als Gründgens dem Reichsdramaturgen Rainer Schlösser durch Franz Joseph Scheffels, einen Mitarbeiter der Staatstheater-Generalintendanz, mitteilen läßt, er lege Wert darauf, vom Verwaltungsbeirat der Reichstheaterkammer zum Präsidialrat zu avancieren (nach dem Krieg wird Gründgens behaupten: »Die Titel [...] waren reine Dekoration [...]. In keinem Falle bin ich gefragt worden. Eine Möglichkeit zu protestieren gab es nicht.« [Briefe, S. 71]), spricht sich Schlösser in einem Schreiben vom 4.10.1935 an die Reichskulturkammer gegen diese im November dann dennoch erfolgte Ernennung aus, »weil das Odium des § 175 in der nationalsozialistischen Öffentlichkeit von ihm nicht wegzudenken ist und seine positive Einstellung zum Nationalsozialismus letztlich doch erst von gestern ist.« Am Blattrand notiert Franz Moraller, Geschäftsführer der Reichskulturkammer, bestätigend: »Zu warm!«, und Staatskommissar Hans Hinkel wird daruntersetzen: »Und ob!« [Jammerthal, S. 54] Auch der Kreis um den NS-Chefideologen Alfred Rosenberg schätzt Gründgens keineswegs und stuft ihn (zusammen mit den Regisseuren Jürgen Fehling, Heinz Hilpert und Otto Falckenberg, dem Opernleiter Heinz Tietjen und dem Dirigenten Wilhelm Furtwängler) als »kulturpolitisch unzuverlässig« ein. Die Haltung des Propagandaministers Joseph Goebbels gegenüber dem Protegé seines Rivalen Göring scheint anfänglich noch ambivalent; er ergreift in Konflikten mit der Theaterabteilung des eigenen Ministeriums und der NS-Kulturgemeinde sogar mehrmals Partei für Gründgens. In seinen Tagebüchern fällt außer einer Bemerkung, daß Gründgens »manchmal hysterisch« sei, zunächst kein negatives Wort. Dennoch fühlt sich Gründgens nicht nur durch Rosenberg, sondern auch durch Goebbels gefährdet. Und spätestens 1937 wird es – ausgelöst durch den Gründgens-Film »Capriolen«, der dem obersten Filmherrn Goebbels mißfällt – zum Konflikt mit dem Propagandaminister kommen, zu einem Zeitpunkt nota bene, als die Auseinandersetzungen zwischen Göring und Goebbels einen ihrer Kulminationspunkte erreichen. Am 27. Juli 1937 beispielsweise vermerkt Joseph Goebbels in seinem Tagebuch: »[Hitler] ist sehr bestürzt über den Sumpf im Staatstheater. Gründgens soll sich bald ins Ausland verdrücken.« Zwei Tage später heißt es: »[Hitler] ist der Meinung, daß Gründgens ganz weg muß. [...] diese 175er sind ja alle hysterisch wie die Weiber.« Reichskulturwalter Hans Hinkel wird Ende 1937 Göring »wegen des Gründgens-Kreises« informieren und behaupten, daß diese »175er-Cliquen [...] in sehr maßgeblicher Weise die Personalpolitik an verschiedenen Theatern bestimmen.« Göring weist schließlich Hinkel an, sich »um diesen Fall nicht mehr zu kümmern«. [Rathkolb, S. 141] Dennoch werden im Januar 1938 eines Abends Gründgens' Sekretär Erich Zacharias-Langhans (* 16.7.1900 Hamburg, † 9.8.1964 Santiago de Chile) und dessen vermeintlich ebenfalls homosexuelle Besucher, die jungen Schauspielschüler Friedrich Schoenfelder und Gerd Martienzen, verhaftet. Diesen engen Freund noch aus Hamburger Tagen hatte Gründgens gleich zu Beginn seiner Intendanz 1934 als persönlichen Referenten verpflichtet und, da Erich Zacharias-Langhans sogenannter Halbjude ist, aus eigener Tasche bezahlt. Gründgens erreicht zwar bei Göring, daß Zacharias-Langhans über Basel und London nach Santiago de Chile emigrieren darf. Doch wie sicher ist Gründgens selbst? Und wie unerschütterlich gefestigt ist die Machtposition seines Gönners Göring? Goebbels notiert am 21. Januar 1938 in seinem Tagebuch: »Dabei ist der ganze Gründgens-Laden vollkommen schwul. Ich verstehe da Göring nicht. Mir kribbelt es in den Fingern. Ich würde nicht so stillehalten wie Hinkel. Und wenn ich dabei verrecke.«

Das Rücktrittsgesuch vom Dezember 1934 scheint jedoch zunächst keinerlei Auswirkungen zu haben. Tietjen und Göring haben kein Interesse daran, Gründgens zu verlieren, ja dieser genießt als Protegé des Ministerpräsidenten Göring sogar außerordentliche Handlungsfreiheiten, die er unter anderem verantwortungsvoll dazu benutzt, bedrohten Kollegen zu helfen. So können etwa die Schauspieler Paul Bildt, Karl Etlinger und Otto Wernicke trotz ihrer jüdischen Ehefrauen am Staatsschauspiel arbeiten. Es gelingt Gründgens, seinen einstigen Schauspiellehrer Paul Henckels, mit einer Jüdin verheiratet und zudem selbst sogenannter Halbjude, zu engagieren und bis zur Schließung 1944 am Staatstheater zu halten. Erich Ziegel, der wegen seiner jüdischen Frau Mirjam Horwitz seine Direktion in Hamburg verloren hatte, wird von Gründgens nach Berlin geholt. Paul Bildts sozialdemokratische Gesinnung ist ebenso bekannt wie die der Schauspieler Walter Franck und Albert Florath. Paul Wegener, wegen unvorsichtiger Äußerungen in Mißkredit geraten, wechselt 1943 vom Schillertheater zu Gründgens ans Staatsschauspiel. So mutig und engagiert sich Gründgens im Gegensatz zu vielen Intendantenkollegen, denen es an Zivilcourage mangelt, für seine Schauspieler auch einsetzt – er provoziert damit zumindest in den ersten Jahren seiner Intendanz nicht automatisch einen seine Stellung gefährdenden Konflikt mit Goebbels. Alle diese Künstler erhalten – auf dem normalen Dienstweg – eine Sondergenehmigung der von Goebbels gelenkten Reichstheaterkammer. Die Weiterbeschäftigung von Paul Henckels wird von Hitler persönlich bewilligt, auf den »Abstammungsnachweis« für Bildts Ehefrau auf Anordnung von Göring ver-

zichtet. Die von Gründgens beschützten »jüdisch versippten«
Künstler können ebenso wie am Staatstheater auch weiterhin
beim Goebbels unterstellten Film tätig sein (Paul Henckels
etwa dreht in den zwölf Jahren des Dritten Reichs 97 Filme,
Paul Bildt 83), sämtliche erwähnten Namen finden sich selbst
auf der sogenannten »Gottbegnadeten-Liste«, die auch im »totalen Krieg« bis zum Kriegsende die Freistellung vom Kriegs-
einsatz bzw. Aktivdienst gewährleistet. Doch Goebbels und
insbesondere auch Hans Hinkel revidieren ihre Entscheidun-
gen oftmals auch ebenso willkürlich, wie sie sie treffen. Einige trotz ihrer »Mischehen« zugelassene Künstler verdanken
ihre Arbeitsmöglichkeiten und das Überleben ihrer Partnerinnen wohl in erster Linie der Intervention ihres Intendanten
Gründgens und nicht ihrer »Unersetzbarkeit« im Filmbereich.
Schon im Juni 1939 gibt es in der gesamten Reichskulturkammer (der neben sämtlichen Theater- und Filmleuten auch
alle Musiker, bildenden Künstler, Schriftsteller, Journalisten,
Verleger etc. angehören müssen) nur noch 320 Künstler, die
über eine Sondergenehmigung verfügen. Und zu Beginn der
40er Jahre, insbesondere nach der Niederlage von Stalingrad
1943, als verstärkt Verhaftungen auch jüdischer Partner aus
sogenannten »Mischehen« einsetzen, wird der Schutz, den
Gründgens gewährt, immer wichtiger; einige Familien über-
nachten angesichts der drohenden Deportationen sogar in den
Garderoben des Staatsschauspiels. Und nicht wenige gefährdete Schauspieler wechseln von anderen Bühnen zu Gründgens, bei dem sie sich und ihre Familien am sichersten glauben. Hingegen kann (oder will) beispielsweise Eugen Klöpfer,
der Intendant der Volksbühne, einen solchen Schutz nicht
bieten. Der an seinem Theater engagierte Joachim Gottschalk,
der mit seiner jüdischen Kollegin Meta Wolff verheiratet ist,
erhält zwar 1939 durch die Intervention Klöpfers die volle
Mitgliedschaft in der Reichskulturkammer, doch da er sich
weigert, sich von seiner Frau zu trennen, bleiben ungeachtet
seiner Popularität Filmangebote bald aus, und der Druck auf
die Familie wird schließlich so groß, daß Gottschalk im November 1941 angesichts der drohenden Deportation seiner
Frau keinen anderen Ausweg mehr sieht, als sich gemeinsam

mit ihr und dem achtjährigen Sohn das Leben zu nehmen. Klöpfer läßt darauf in der Volksbühne eine Erklärung verlesen, nach der der sensible Künstler Gottschalk durch den schlechten Einfluß seiner jüdischen Frau zu einer Verzweiflungstat getrieben worden sei ...

Der Kommunist Ernst Busch (* 22.1.1900 Kiel, † 8.6.1980 Berlin) wird 1943 nur dank Gründgens' Hilfe nicht zum Tode verurteilt, sondern erhält eine Zuchthausstrafe und überlebt dadurch das Dritte Reich. Gründgens erklärt nicht nur wahrheitswidrig, daß Busch völlig unpolitisch sei. Die von Gründgens für Busch verpflichteten und bezahlten Rechtsanwälte argumentieren, daß Busch als Staatenloser – er ist am 27.4.1937 von den Nazis ausgebürgert worden – nicht des Hoch- und Landesverrats schuldig gesprochen werden könne, auf den die Todesstrafe steht, sondern allenfalls der kommunistischen Betätigung, für die mildere Strafen vorgesehen sind. Anderen Kollegen verhilft der menschlich integere Gründgens – oftmals mit der Unterstützung von Emmy Göring-Sonnemann (* 24.3.1894 Hamburg, † 8.6.1973 München) – zur Emigration. Nationalsozialisten hingegen gibt es im Ensemble des Staatstheaters kaum, Karl Haubenreißer oder Herma Clement etwa, die beide von Ulbrich aus Weimar mitgebracht worden waren, die Parteimitglieder Leopold von Ledebur und Lothar Müthel. Und auch an der Gesinnung Bernhard Minettis zweifeln einige seiner Staatstheater-Kollegen. Im Jahr 1941 werden von den insgesamt rund 1.200 Betriebsangehörigen der Staatstheater nur 248 Parteimitglieder sein, also rund 20%, darunter lediglich sieben Schauspieler, der technische Direktor Willi Ehle und der am Haus bereits seit 1916 tätige Chefdramaturg Eckart von Naso, der seit 1.5.1933 Mitglied der NSDAP ist. [Jammerthal, S. 60]

Außerdem kann der Theaterleiter Gründgens auch die Spielpläne seiner Bühne weitgehend von Propagandadramen freihalten; unter den aufgeführten Autoren finden sich relativ wenige von den Machthabern favorisierte, darunter Erwin Guido Kolbenheyer mit »Heroische Leidenschaften«, der ehemals dem Expressionismus verpflichtete nunmehrige Präsident der Reichsschrifttumskammer, Hanns Johst, in dessen bereits 1927 entstandenem Drama »Thomas Paine« Gründgens Ludwig XVI. spielt, Eberhard Wolfgang Möller mit »Der Sturz des Ministers«, Curt Langenbeck mit »Der Hochverräter« und der HJ-Lyriker Hans Baumann mit seinem Historiendrama »Alexander«, dessen Titelrolle, den strahlenden makedonischen Eroberer, Gründgens selbst verkörpert. Der ausdrücklichen Weisung des Reichsdramaturgen Rainer Schlösser im Frühjahr 1940, Mussolinis »Cavour« auf die Bühne zu bringen, kann sich auch Gründgens nicht entziehen. Ansonsten bestimmen die Klassiker Shakespeare, Goethe, Schiller, Lessing, Kleist und Hebbel sowie Dramen Ibsens, Hauptmanns und Billingers den Spielplan. Lustspiele und Komödien von Scribe, Wilde, Shaw, Sardou und Achard finden sich ebenso wie Stücke von Beaumarchais und Lope de Vega.

Unter den zeitgenössischen Autoren fördert Gründgens vor allem den ihm befreundeten Hans Rehberg, dessen Preußendramen »Der Große Kurfürst« und »Friedrich Wilhelm I.« durch Jürgen Fehling 1934 und 1936, »Der Siebenjährige Krieg« durch Gründgens selbst 1938 uraufgeführt und zu einem wesentlichen Ereignis des Theaters im Dritten Reich gemacht werden (Rehbergs U-Boot-Durchhaltestück »Die Wölfe« hingegen wird Gründgens 1944 ablehnen, die Uraufführung wird – inszeniert von Bernhard Minetti – im Schauspielhaus Breslau stattfinden). Rehberg ist zwar bereits seit 1930 Mitglied der NSDAP, sein differenziertes, auf die psychischen Bedingungen des einzelnen Menschen fokussierendes Bild der Preußenkönige unterscheidet sich allerdings deutlich von deren heroischer Verklärung durch die NS-Propaganda. Auch seine an Shakespeare orientierte offene Dramaturgie setzt sich von der immer stärker werdenden Forderung nach dem hypotaktisch gebauten Drama ab und steht im Widerspruch zur Linie des Reichsdramaturgen Schlösser und dessen Mitarbeiter Möller, der in der »Shakespearomanie« »das Hauptunglück der deutschen Dramaturgie« sieht. [Zit. nach Günther Rühle: Zeit und Theater 1933–1945, Bd. V, S. 49] Und wenn der von Gründgens verkörperte, müde gewordene Friedrich der Große vorn an der Rampe den letzten Satz des

Dramas spricht, konterkariert das die verordnete Glorifizierung der Historie: »So alt sind wir geworden.«

Darüber hinaus gelingt es Gründgens, etwa mit seiner erfolgreichen Inszenierung von Marcel Pagnols nostalgischer Hafenromanze »Südfrüchte«, auch ästhetisch eine Gegenposition zum Verdikt Goebbels' zu beziehen, das da lautete: »Die deutsche Kunst des nächsten Jahrzehnts wird heroisch, sie wird stählern-romantisch, sie wird sentimentalitätslos sachlich, sie wird national mit großem Pathos, und sie wird gemeinsam verpflichtend und bindend sein, oder sie wird nicht sein.« [Zit. nach Rühle, S. 27] Gründgens' Inszenierung ist leicht und sprühend, wehmütige Nostalgie und bis ins Groteske reichende Menschenzeichnung wechseln sich ab. Auch Paul Apels kabarettistisch-varietéhaftes Traumspiel »Hans Sonnenstößers Höllenfahrt«, eine spaßig-freche Parodie auf das spießbürgerliche Milieu, wird zum Triumph für den Bearbeiter, Chansontexter und Regisseur Gründgens, der seiner Freude an zahlreichen anzüglichen, oft nur Insidern verständlichen Anspielungen auf die Verhältnisse am Staatstheater und auf den privaten Gründgens freien Lauf läßt. Der beißende Spott über den Kleinbürger, der sich in großem Gerede gefällt, hingegen wird von einem großen Teil des Publikums als subversive Kritik an den aktuellen Verhältnissen verstanden. Und in einem auf der Bühne aufgebauten Boxring, in dem mit Phrasen statt Fäusten gekämpft wird, fallen Sätze wie: »Entschließe dich für den Tod, und du darfst sogar deine Meinung sagen« und erhalten Szenenapplaus. Gründgens in der Titelrolle, Theo Lingen, Lola Müthel und Käthe Gold werden umjubelt, Hermann Göring allerdings erwägt, die Aufführung absetzen zu lassen.

Nach Kriegsende wird man vom Gendarmenmarkt gar als einer »Oase«, einer »Insel der Freiheit« im nationalsozialistischen Deutschland sprechen – die »splendid isolation«, in der man in der angeblich politikfreien Zone Theater gelebt und gearbeitet habe, wird nach dem Krieg ein beliebter Topos in Schauspielermemoiren, auch in bezug auf andere Bühnen: O.E. Hasse beispielsweise spricht von den Münchner Kammerspielen als einer »Isola Bella«, Carl-Heinz Schroth bezeichnet das Deutsche Theater als »Insel im wogenden Meer«. Überhaupt: Glaubt man den Autobiographen, so wurde an keinem deutschen Theater je mit »Heil Hitler!« gegrüßt, und kaum ein Memoirenschreiber berichtet nicht von den mutigen antinazistischen Äußerungen im Kollegenkreis, die ihn beinahe in Haft gebracht hätten. Andererseits werden die meisten ehemaligen NS-Stars zugleich das Argument für sich in Anspruch nehmen, man habe sich nur um seine Rollen und Inszenierungen, nie um Politik gekümmert, und begründen dies zumeist mit ihrer Disposition zur Kreativität, die zu gründliche Reflexion verhindere. »Ich bin doch nur ein ganz gewöhnlicher Schauspieler«, ruft Hendrik Höfgen in Klaus Manns Roman »Mephisto« aus. »Ich bin nun mal Schauspieler und spiele gern«, wird Heinz Rühmann in seinen Erinnerungen seine Rechtfertigung vor dem Entnazifizierungsausschuß zusammenfassen. Zur Glorifizierung der angeblich »sauber« gebliebenen Bühnen- und Filmwelt des Dritten Reichs tragen aber auch noch Jahrzehnte nach Kriegsende Schauspieler bei, die insbesondere der ästhetischen Weiterentwicklung des Theaters nicht haben folgen können oder wollen, und nun die ungeliebte Gegenwart an der glanzvollen Vergangenheit messen. So schämt sich der Ex-Burgtheater-Schauspieler und populäre TV-Liebling Klausjürgen Wussow nicht zu schwärmen: »Mich erinnert das [das Team der TV-Serie »Schwarzwaldklinik«] an die großen Schauspieler aus der Zeit des Dritten Reiches, die ich nach dem Krieg in Berlin noch habe kennenlernen dürfen. Da war dieser Anstand, diese Sauberkeit, die heute dem Theater fehlt.« [zit. nach Fischer, S. 7] Selbstkritische Äußerungen wie etwa von Marianne Hoppe und Will Quadflieg oder das späte Schuldbekenntnis von Paula Wessely bleiben rühmliche Ausnahmen.

Gustaf Gründgens hat nach dem Krieg nie versucht, sich mit dem Argument, er habe um politische Vorgänge nicht gewußt, aus der Verantwortung zu ziehen. Nicht nur seine persönliche Integrität und das couragierte Eintreten für bedrohte Kollegen sind ihm hoch anzurechnen. Abgesehen von der weitgehend auf NS-Dramen verzichtenden Spielplangestaltung des Staatstheaters, ist es auch die Ästhetik der Inszenierungen

Gründgens' und insbesondere auch Fehlings, durch die sich der Gendarmenmarkt von der nationalsozialistischen Linie absetzt. Der Schauspieler und Regisseur Fritz Kortner, der 1933 als Jude hatte emigrieren müssen, konstatiert nach seiner Rückkehr aus den USA in das durch die Alliierten befreite Deutschland erfreut: »Später tauchten die Widerstandskämpfer gegen den Hitlerstil, wie Engel, Fehling, Gründgens, aus ihrer anfänglichen Verschollenheit wieder auf. Sie waren ein Trost. Die im Hitlerreich verbliebenen außerordentlichen Männer waren außerordentlich geblieben. Die Zufluchtsstätten des unterdrückten, vorhitlerischen Theaterstils im Dritten Reich waren – vertrauenswürdigen Berichten zufolge – das Theater von Gründgens und das von Hilpert.« [Kortner, S. 375] Auch Heinz Hilpert, dem Leiter des Deutschen Theaters, gelingt es (ohne die Protektion von Göring, unter der Oberhoheit von Goebbels), sein Theater in vielen Belangen von nationalsozialistischem Einfluß freizuhalten. Auch er schützt wie Gustaf Gründgens gefährdete Kollegen, und der Stil des Deutschen Theaters ist noch weniger als der des Staatsschauspiels von der feierlichen, hohen und strengen Form bestimmt, sondern vielmehr in der Tradition des Reinhardtschen Mimus der psychologisch-realistischen, differenzierten Menschendarstellung verpflichtet. Für Gründgens hingegen ist der Realismus zumindest problematisch, den Naturalismus lehnt er als Formlosigkeit ab. Als Schauspieler versteht er es, stets eine gewisse Distanz zur bewußt geformten und gestalteten Rolle zu halten. Der Abstand der Bühne zu jeglicher alltäglichen Realität, eine Stilisierung, eine Künstlichkeit muß seiner Meinung nach gewahrt bleiben. Die Abneigung gegen naturalistische Spielweisen teilt der Formalist Gründgens mit den Nationalsozialisten; die milieuschildernde Sozialkritik gilt diesen als zersetzende »Asphaltliteratur«, der Naturalismus als Ausdruck einer liberalistischen, individualistischen Denkweise. Form, Zucht und Ordnung, in diesen positiv besetzten Begriffen treffen sich fatalerweise die sonst so völlig anders gearteten künstlerischen Vorstellungen der Machthaber mit denen Gründgens'. [Vgl. Rischbieter (1981)] Doch zugleich empfindet Gründgens die Bühne eben durch diese dort herrschende »Ordnung, die Exaktheit, das Ausschalten des Zufälligen« auch als »den einzigen sicheren Faktor« in einer Zeit der Unsicherheit. »Auf der Bühne, dem Planquadrat – wie ich es nenne – wußte ich genau, wenn ich den Satz sage, geht hinten eine Tür auf, und eine Dame in einem grünen Kleid kommt herein – und nicht ein SS-Mann.« [Dok., S. 185] Auch Gründgens' Bekenntnis zur Werktreue steht keineswegs per se im Widerspruch zur propagierten Kunstauffassung der Nationalsozialisten, fordert doch Joseph Goebbels (deutlich in Abgrenzung zur als »entartet« diffamierten Kunst der 20er Jahre), daß Werktreue den »gefährdeten Ewigkeitswert« der Dichtung sichern solle. Dabei ist das Argument der Nationalsozialisten, die Aktualisierung von Klassikern bedeute die Zerstörung der klassischen Überlieferung und damit des nationalen Bildungsgutes, ein vordergründiges: Der totalitäre NS-Staat kann kein Interesse an kritisch-reflektierenden Zuschauern, die sich mit den subjektiven Interpretationen der Regisseure und Schauspieler auseinandersetzen, haben. So werden Inszenierungen, die Staat, Gesellschaft, Normen und Werte in einer analytischen Auseinandersetzung mit der Gegenwart hinterfragen, Klassiker-Aktualisierungen, wie sie etwa Jeßner, Piscator oder auch Brecht versucht haben, von den Nationalsozialisten als die geforderte Einheit des Volkes »zersetzende« und »zerstörende« »Selbstzweck- und Verfallskunst« abgelehnt. Durch die Verschmelzung von Bühne und Publikum im theatralen Akt, die Überwältigung des Zuschauers im Gemeinschaftserlebnis soll Theater systemstabilisierend der »Stärkung der Volksgemeinschaft« dienen – am deutlichsten wird dies im bald als gescheitert erkannten Versuch der Thingspiele, die als eine Art nationaler Gottesdienst dienen sollen. Gründgens hingegen sieht in werkintegren Klassikerinszenierungen eine Möglichkeit, den »heiligen Raum« des Theaters freizuhalten von nationalsozialistisch-propagandistischer Indienstnahme. Natürlich ist auch sein Theater oftmals ein Theater des »hohen und strengen« Stils, doch wird es nie zum voluntaristischen Theater der großen Form, der überindividuellen Zielsetzung, nie zu einem Theater, das beispielsweise durch die Heroisierung von Führerfiguren das

Maß des Menschen aus den Augen verliert.

Zum Schauspielhaus am Gendarmenmarkt wird im September 1935 als zweite Bühne das ehemalige Künstlertheater in der Nürnberger Straße, dem Juristen und Finanzier Max Epstein zwangsenteignet, hinzugewonnen und – obgleich es eine größere Platzkapazität als das Schauspielhaus hat – Kleines Haus benannt. Zugleich wird das von dem berühmten klassizistischen Architekten Karl Friedrich Schinkel entworfene Schauspielhaus am Gendarmenmarkt mit neuer Bühnenmaschinerie auf den Stand der Technik gebracht. Eine Drehbühne mit 17 m Durchmesser wird eingebaut, die Hinterbühne wesentlich erweitert durch die Überbrückung der rückwärtig angrenzenden Charlottenstraße bis hin zu den jenseits liegenden Dekorationsmagazinen. Die damit erreichte Bühnentiefe, die tiefste in ganz Europa, ignoriert aber Schinkels Perspektiven. So ist bei der feierlichen Wiedereröffnung mit Goethes »Egmont« am 7. November 1935 die Wirkung zwar enorm, als Paul Hartmann in der Titelrolle, gehuldigt von 133 Statisten, hoch zu Roß aus der Tiefe der Bühne herangeritten kommt, der Auftritt kann aber nur von den mittleren Parkettplätzen aus bewundert werden. Die geschlossene Festvorstellung für Hitler, die Regierung und die Mitglieder des diplomatischen Corps wird begleitet von der ungekürzten Bühnenmusik Beethovens, dirigiert von Wilhelm Furtwängler. Die inszenatorischen Konsequenzen dieser Verbindung von Sprechtheater und Musikdarbietung stoßen auf Kritik: »Die Darsteller werden zu einem Sprechstil getrieben, der zu feierlich wird, die Monologe müssen beinahe arienhaft angelegt werden [...]«, kritisiert die Berliner Zeitung vom 8.11.1935. Während die strenge Stilisierung der Sprache auch sonst Gründgens eigen ist, steht die milieugetreue, malerisch-illusionistische Ausstattung mit Hausfassaden, Torbogen und Ziehbrunnen, mit Innenräumen, die naturalistisch mit Delfter Kacheln dekoriert sind, in eklatantem Gegensatz zu Gründgens' ästhetischer Maxime der Klarheit schaffenden Reduktion auf das Wesentliche, die sich im Falle »Egmont« wohl der Forderung unterzuordnen hatte, die technischen Möglichkeiten des umgebauten Hauses zu präsentieren.

Stilisierte Gebärden und gemessene Bewegungen prägen hingegen Gründgens' nächste Inszenierung, die am 6. Dezember 1935 Premiere feiert: Hebbels »Gyges und sein Ring«, mit Claus Clausen in der Titelrolle und Werner Krauß als Kandaules. Schon am 21. Januar 1936 folgt unter Lothar Müthels Leitung Shakespeares »Hamlet«, neben dem Mephisto die zweite »Lebensrolle« von Gründgens, die er allein am Gendarmenmarkt während sechs Spielzeiten über 160mal spielt, geradezu eine »Hamlet-Renaissance« in Deutschland auslösend. Walter Franck und Hermine Körner geben Claudius und Gertrude, Käthe Gold (in späteren Aufführungen auch Marianne Hoppe) verkörpert die Ophelia. Gründgens zeichnet Hamlet nicht mit einer romantisch-schwärmerischen Melancholie wie einst Josef Kainz, als grüblerischen Zauderer zwischen Traum und Tat, sondern als verantwortungsbewußten Tatmenschen. »Es lebt in Gründgens' Hamlet viel von der verzweifelten Lustigkeit eines Hofnarren und manches von dem gleißenden Spott eines Höllenfürsten. Der Hohn ist die Kehrseite seines Grams. Aber es lebt auch in ihm jene drohende Schweigsamkeit, aus der blitzschnell die überraschende Tat hervorbricht. Das Kennzeichen dieser Gestalt ist eine besessene Energie, eine federnde, kämpferische Kraft, kühle Überlegenheit des Geistes und höchste Spannung des Willens. Er erreicht und berechnet sein Ziel mit unberechenbaren Mitteln.« [Biedrzynski, S. 39 f.] »Tief durchdacht, genau errechnet, erklügelt jeder Ton, jede Bewegung. Nur mit so viel Geist, so reichen Mitteln und so erstaunlicher Sicherheit gebracht, daß er trotz manchem Widerspruch, den das Herz erhebt, immer fesselnd bleibt, ja oft geradezu überwältigt«, lobt Ludwig Sternaux am 22.1.1936 im Berliner Tageblatt. Der Völkische Beobachter hingegen veröffentlicht eine scharfe Kritik, in der Gründgens' Darstellung als »bewußt antifaschistisch« ausgelegt wird. [Briefe, S. 17]
Zudem kursieren erneut Gerüchte über die homosexuellen Affären von Gründgens in der Öffentlichkeit, wie dieser vermutet, von Goebbels persönlich in Umlauf gebracht, um ihm und damit indirekt auch seinem Protektor Göring zu schaden; schließlich war der § 175 erst im Jahr zuvor in einer Neufas-

sung drastisch verschärft und zahlreiche Homosexuelle in Konzentrationslager eingeliefert worden. Erst eine am 29. Oktober 1937 von Himmler – vermutlich auf Veranlassung Görings – erlassene Anordnung, nach der »jede Inhaftierung eines Schauspielers oder Künstlers wegen widernatürlicher Unzucht seiner [des Reichsführers SS] vorherigen Genehmigung bedarf [...]«, wird auch Gründgens etwas größeren Schutz bieten – das Regime braucht schließlich die nach dem Exodus der Emigranten noch verbliebenen Künstler. [Zit. nach Spangenberg, S. 84] Göring vermittelt Gründgens im Februar 1936 eine Audienz bei Hitler. Als Gründgens kurz darauf zur Erholung für vier Wochen nach Sizilien fährt, wird das Gerücht lanciert, er sei von Hitler streng verwarnt worden, in Ungnade gefallen und habe Deutschland für immer verlassen. Zurückgekehrt nach Berlin erhält Gründgens bei seinem ersten Auftreten als Hamlet vom Publikum große Ovationen, doch am 9. Mai veröffentlicht der Völkische Beobachter einen ganzseitigen Artikel Waldemar Hartmanns mit »Gedanken zu »Hamlet« als der Tragödie des norddeutschen Verantwortungsgefühls«, in dem zwar Gründgens' Name nicht genannt wird, den dieser aber als erneuten Angriff auf sich empfindet. Gründgens übergibt seinem Vater ein Schreiben an Göring mit der Mitteilung, er sei emigriert, und fährt in der Nacht zu seinen Freunden Alice und Christoph Bernoulli ins schweizerische Basel. Dort erreicht ihn ein Anruf Görings, die beiden Redakteure des Völkischen Beobachters hätten keineswegs eine offizielle Meinung vertreten und seien bereits inhaftiert worden. Die Drohung, Gründgens' Fernbleiben habe für dessen Familie und Freunde Folgen, das gönnerhafte Versprechen, Göring werde ihn noch stärker als bisher vor möglichen Gefährdungen von seiten Goebbels', Rosenbergs und Heydrichs schützen, und die Zusicherung freien Geleits veranlassen Gründgens zumindest für ein Gespräch mit Göring nach Berlin zurückzukehren. Dort angekommen, werden ihm die verhafteten Redakteure vorgeführt, damit diese beteuern können, sie hätten in dem Artikel nicht Gründgens, sondern den berühmten Hamlet-Darsteller Alexander Moissi gemeint. Noch am selben Tag ernennt Göring Gründgens zum Preußischen Staatsrat. Dieser politisch bedeutungslose Titel garantiert Gründgens quasi Immunität, denn ein Staatsrat kann nur mit persönlicher Erlaubnis des Ministerpräsidenten verhaftet werden.

Gerüchte behaupten, auch die Heirat mit der am 26. April 1909 in Rostock geborenen Schauspielerin Marianne Hoppe im Juni 1936 diene dem gefährdeten Gründgens als taktisch kluge Schutzmaßnahme. Andere Stimmen kolportieren sogar, die Ehe sei von Göring angeordnet worden, der zweifellos erleichtert darüber ist, daß das Privatleben seines Schützlings nun nach außen hin in bürgerlich-konventionellen Bahnen verläuft. Marianne Hoppe und Gustaf Gründgens hatten sich bereits 1928 an Reinhardts Deutschem Theater kennengelernt, wo sie zusammen im Lustspiel »Im Weißen Rössl« und in Shakespeares »Lustigen Weibern von Windsor« aufgetreten waren. Und Ende März 1930 hatte der Regisseur Gründgens die Rolle des junges Mädchen in Antoines Komödie »Die liebe Feindin« mit Marianne Hoppe umbesetzt – ausgerechnet als Ersatz für seine Ex-Frau Erika Mann. Sporadisch hatten sie sich wiedergetroffen, in Frankfurt und dann in Berlin, wo sie im Herbst 1934 zusammen den Film »Schwarzer Jäger Johanna« gedreht hatten; 1935 hatte Gründgens die junge Kollegin ans Staatstheater engagiert. »Man hat sich die Stange gehalten«, sagt Marianne Hoppe im Rückblick über ihre Ehe mit Gründgens, mit dem sie bis zu seinem Tod nicht allein eine intensive und fruchtbare Arbeitsbeziehung, sondern vor allem auch eine enge und tiefe Freundschaft, »eine vollkommene Zuneigung«, so Marianne Hoppe, verbinden wird.

1936 schließt Gründgens einen höchst lukrativen neuen Dienstvertrag ab, der ihm statt bisher 40.000 Reichsmark als Intendant sowie 55.000 RM für seine Tätigkeit als Spielleiter und Schauspieler nun insgesamt 150.000 RM zuzüglich einer Dienstaufwandsentschädigung von 50.000 RM garantiert. Die Höchstgage der Schauspieler am Staatstheater erhält mit 52.000 RM für die Saison 1936/37 Käthe Dorsch, die Gagen von Paul Bildt, Walter Franck und Aribert Wäscher bewegen sich zwischen 18.000 und 28.000 RM (ein Staatssekretär verdient zu dieser Zeit etwa 20.000 RM, ein Facharbeiter rund

2.500 RM jährlich). Der Film ist aber noch weit einträglicher: Der populäre Filmdarsteller Hans Albers beispielsweise gibt in der Steuererklärung für das Jahr 1937 ein Bruttoeinkommen von 562.000 RM an. Doch auch bei Gründgens sind außer der Vergütung der Theatertätigkeit die diversen Gagen von pauschal 80.000 RM pro Film hinzuzurechnen. Im letzten abgeschlossenen Dienstvertrag schließlich aus dem Jahr 1940 (mit einer intendierten Laufzeit bis August 1950!) erhält Gründgens 20.000 RM weniger per annum zugunsten der freien Nutzung einer bis 1933 von Max Reinhardt bewohnten Villa im Park von Schloß Bellevue.

Im selben Jahr 1936 erscheint auch Klaus Manns im Exil verfaßter Roman »Mephisto«, der bis heute das Bild von Gründgens in der Öffentlichkeit nachhaltig prägt. Am 15. November 1935 hatte der Schriftsteller Hermann Kesten seinem Kollegen brieflich vorgeschlagen: »[...] Sie sollten den Roman eines homosexuellen Karrieristen im dritten Reich schreiben, und zwar schwebte mir die Figur des von Ihnen künstlerisch (wie man mir sagt) schon bedachten Herrn Staatstheaterintendanten Gründgens vor. [...] Das Ganze im ironischen Spiegel einer großen versteckten, freilich spürbaren Leidenschaft. Keine politischen Darstellungen. Gesellschaftssatire. Satire auf gewisse homosexuelle Figuren. Satire auf den Streber, auf – vielleicht – viele Arten Streber. Im ganzen: der Hauptstadt erzählt, wie man Intendant wird.« [Spangenberg, S. 67] Klaus Mann erwägt hingegen einen Roman über Kleist, doch sein Verleger Fritz Landshoff insistiert in einem Schreiben vom 28. November: »Ich finde – trotz allem den Kestenschen Vorschlag *gut*. Laß den Mann nicht schwul sein – es muß ja kein Gründgens werden – sondern irgendein »Karrierist« –; das gäbe einen *guten* Zeitroman [...].« [Spangenberg, S. 68] Bereits im Januar 1936 beginnt Mann im schweizerischen Engadin mit ersten Skizzen zu »Mephisto«. In ihnen erscheinen die Namen der realen Vorbilder noch unverschlüsselt, so etwa Gründgens (die Romanfigur wird den Namen Hendrik Höfgen tragen) und Emmy Sonnemann (alias Lotte Lindenthal). Im Roman dann verschmelzen oftmals mehrere Vorbilder zu einer Figur, aber man erkennt neben vielen anderen deutliche

Züge unter anderem von Erich Ziegel und Mirjam Horwitz, Ruth Hellberg, Paul Kemp, Lucy von Jacobi, Pamela Wedekind, Carl Sternheim, Elisabeth Bergner, Max Reinhardt, Hans Otto, Hans Sklenka, Hermann Göring und Emmy Sonnemann, Hanns Johst sowie der Familie Mann, oftmals mit grob gezeichneten Konturen geradezu verächtlich karikiert. Daß Klaus Mann reale Personen und Erlebnisse verarbeitet, gehört von jeher zu seiner literarischen Methode, schon der Figur des Tänzers Gregor Gregori im 1932 erschienenen Roman »Treffpunkt im Unendlichen« hatte Gründgens als Vorbild gedient. Die Ambivalenz zwischen dem Haß auf den bei den Nazis arrivierten ehemaligen Freund und Schwager und der immer noch spürbaren Bewunderung für ihn ist im ganzen Roman ersichtlich, enttäuschte Liebe und moralische Verachtung oszillieren. Und dennoch wird Mann nicht müde zu betonen: »Mir lag *nicht* daran, die Geschichte eines bestimmten Menschen zu erzählen [...]. Mir lag daran: einen *Typus* darzustellen, und mit ihm die verschiedenen Milieus [...], die soziologischen und geistigen Voraussetzungen, die seinen Aufstieg erst möglich machten.« [Spangenberg, S. 90] Mann ersetzt Gründgens' Homosexualität durch die sado-masochistische Beziehung Hendrik Höfgens mit einer Tebab genannten schwarzhäutigen Tänzerin; andere Passagen des Romans, einige Beschreibungen des Theaterlebens vor der Machtergreifung etwa, scheinen den realen Vorbildern aber überaus nahe zu kommen. Auch zahlreiche biographische Details stimmen überein, und natürlich die titelgebende Rolle, mit der Höfgen wie Gründgens ihren Durchbruch haben: der Mephisto in Goethes »Faust«. Die kolportagehaft geschilderte Karriere eines chamäleonhaften, skrupellosen Opportunisten vom ehrgeizigen Salonbolschewisten in der Provinz zum zynischen Vorzeigestar der Nazis in Berlin wird jedoch vom Moralisten Mann so paradigmatisch geschildert, daß tatsächlich der Typus des gewissenlosen Karrieristen im Vordergrund steht und die sensationslüsterne Neugier auf die mögliche Entschlüsselung der Figuren bei weitem überwiegen sollte.

Im Oktober 1936 erscheint nach einem Vorabdruck in der Pariser Tageszeitung die erste Auflage des »Mephisto« mit ca.

2.500 Exemplaren im Amsterdamer Querido-Verlag, schon kurz darauf gelangt das im Dritten Reich selbstredend verbotene Buch auch in die Hände von Gründgens. Nach dem Krieg wird Klaus Mann in Westdeutschland keine Möglichkeit finden, den von vielen als skandalöser Schlüsselroman und als lediglich persönlichem Haß entsprungene Schmähschrift diffamierten Roman zu publizieren. Der Langenscheidt-Verlag etwa lehnt 1949 eine Veröffentlichung des Buches mit der Begründung ab, »Herr Gründgens spielt hier eine bereits sehr bedeutende Rolle [...].« Mann wirft darauf – neun Tage vor seinem Suizid – dem Verleger Georg Jacobi am 12.5.1949 aus Cannes erbittert vor: »Nur nichts riskieren! Immer mit der Macht! Mit dem Strom geschwommen! Man weiß ja, wohin es führt: zu eben jenen Konzentrationslagern, von denen man nachher nichts gewußt haben will...« [Spangenberg, S. 131] Während der Roman 1956 im Ostberliner Aufbau-Verlag ungehindert erscheinen kann, hat im Sommer 1963 die Ankündigung der in München ansässigen Nymphenburger Verlagshandlung, im Rahmen einer Klaus-Mann-Gesamtausgabe auch »Mephisto« zu veröffentlichen, den bekanntesten Literatur-Prozeß in der Geschichte der Bundesrepublik zur Folge, angestrengt vom 1949 adoptierten Lebensgefährten Peter Gründgens-Gorski (* 7.9.1921 Berlin). Seine am 26. März 1964 eingereichte Klage gegen eine Publikation des Romans wird vom Hamburger Landgericht am 25. August 1965 zunächst abgewiesen, und der Roman erscheint im September 1965 in einer Auflage von 10.000 Exemplaren. Gorski legt Berufung ein. In seinem Urteil vom 10. März 1966 verbietet das Hanseatische Oberlandesgericht Hamburg nach einer Abwägung der Persönlichkeitsrechte des 1963 verstorbenen Gründgens und dem Recht auf künstlerische Freiheit des 1949 aus dem Leben geschiedenen Klaus Mann den Roman: »Es geht nun nicht an, jedem in seinem Beruf tüchtigen Mann deswegen die Ehre abzuschneiden, weil er nicht 1933 und später emigriert ist, sondern auch unter dem neuen Regime weiter seinen Beruf ausübte.« Das Buch sei »eine Schmähschrift in Romanform«, was sich insbesondere »aus der Schilderung der masochistischen Beziehungen des Höfgen zu der Negertänzerin Tebab«

ergebe. Die Erinnerung an Gründgens sei noch lebendig, die Allgemeinheit habe ein Interesse daran, »daß sein Lebens- und Charakterbild nicht verzerrt und völlig entstellt der Nachwelt überliefert« werde. Und schließlich heißt es im Urteil sogar: »Die Allgemeinheit ist nicht daran interessiert, ein falsches Bild über die Theaterverhältnisse nach 1933 aus der Sicht eines Emigranten zu erhalten.« [3 U 372/1965] Eine Verfassungsbeschwerde des Verlags gegen das Urteil des Oberlandesgerichts und das Revisionsurteil des Bundesgerichtshofs vom 20. März 1968 wird vom Bundesverfassungsgericht am 24. Februar 1971 zurückgewiesen. Ein Raubdruck und die am 15. Mai 1979 vom Théâtre du Soleil in der Cartoucherie de Vincennes in Paris uraufgeführte Dramatisierung des Romans durch die französische Theatermacherin Ariane Mnouchkine ebnen den Weg für eine Buchpublikation auch in der BRD, und so wird schließlich Ende 1980 ohne einen erneuten Einspruch von Peter Gorski eine Taschenbuchausgabe des »Mephisto« im Rowohlt-Verlag erscheinen können. Die deutschsprachige Erstaufführung von Mnouchkines »Mephisto« findet am 22.1.1981 an den Basler Theatern statt, kurz darauf folgen mehrere bundesdeutsche Bühnen, als erste am 6.2.1981 die Württembergischen Staatstheater Stuttgart. »In dem Theaterstück der eher ahnungslosen Französin wird so ziemlich alles, was Gustaf Gründgens betrifft, auf den Kopf gestellt. Das ist Diffamierung eines Mannes, der wie kaum ein zweiter sich in schwerster Zeit als Mann erwies«, heißt es in einer Erklärung, die unter anderem von Ella Büchi, Heidemarie Hatheyer, Ullrich Haupt, Werner Hinz, Marianne Hoppe, Gustav Knuth, Kurt Meisel, Lola Müthel, Heinz Reincke und Antje Weisgerber unterzeichnet ist. István Szábos international erfolgreiche, mit einem Oscar ausgezeichnete Verfilmung des Romans mit Klaus-Maria Brandauer als Hendrik Höfgen und Rolf Hoppe als General wird im selben Jahr 1981 die Diskussion um Gründgens' Verhalten im Dritten Reich erneut entfachen.
Doch zurück ins Berlin der 30er Jahre. Das beste Beispiel dafür, wie wenig man die theatrale Arbeit am Staatstheater pauschal als systemstabilisierende Repräsentationskunst ge-

wissenloser Opportunisten abwerten kann, ist Jürgen Fehlings Inszenierung von Shakespeares Königsdrama »Richard III.«, die am 2. März 1937 Premiere hat. Schon der von Rochus Gliese entworfene Bühnenraum steht im Kontrast zu dem von den Machthabern favorisierten Monumentalismus: ein leuchtendheller Raumkasten mit leicht ansteigendem Boden, geteilt nur durch einige Soffitten, die schmale, dunkle Balken bekleiden, einzelne Dekorationsteile konnotieren Stacheldrahtzäune. Später kommen Stahlrohrmöbel hinzu, die kaum an die englische Historie, wohl aber an die Gegenwart erinnern. Werner Krauß spielt die hinkende Bestie Gloster so, daß jeder Zuschauer unweigerlich an Goebbels denken muß – kein auf Ahistorizität zielender Symbolismus, sondern gewagte, die Machthaber entlarvende Vergegenwärtigung. Politisch tollkühn ist es geradezu, die Mörder des Clarence mit Koppel und Schulterriemen wie SA-Leute auszustaffieren und die bestiefelte Leibgarde des Königs im Schwarz und Silber der SS. Der Ermordung des Tyrannen am Ende des Stückes folgt das Orgelbrausen des Tedeums, vielstimmig wird Gott für die Befreiung gelobt, zugleich erstrahlen auch die Lichter im Zuschauerraum.

1939 folgt Fehlings Inszenierung von »Richard II.«. Gründgens, im gelben Ledermantel und mit rotem Pagenschnitt, spielt den zunächst zynischen, dann zunehmend leidenden hybriden König: »Ein einsamer Homosexueller auf dem Thron, umgeben von einem blutigen Getriebe, das er verabscheut, ignoriert, nicht wahrhaben will. Gründgens' Rolle bei Shakespeare – und unter den Nazis«, so Henning Rischbieter 1981. [Theater heute 4/81, S. 57]

Neben seiner Bühnentätigkeit arbeitet Gründgens auch weiterhin beim lukrativen Film. Er spielt unter anderem 1934 den österreichischen Kanzler Metternich in Karl Hartls »So endet eine Liebe« mit Paula Wessely und Willi Forst, 1935 in Franz Wenzlers Verfilmung des Bühnenstücks »Hundert Tage« wie schon am Staatstheater die Rolle des opportunistischen Ministers Fouché, wiederum mit Werner Krauß als Napoleon. Im gleichen Jahr verkörpert Gründgens an der Seite von Angela Salloker und Heinrich George König Karl von Frankreich in

Gustav Ucickys Jeanne d'Arc-Film »Das Mädchen Johanna«, und er spielt den witzig-charmanten Egozentriker Higgins in Erich Engels Verfilmung von Shaws »Pygmalion« mit Jenny Jugo als Eliza Doolittle. Nach Oscar Wildes gleichnamiger Komödie entsteht 1936 mit Gründgens als George Illingworth und Käthe Dorsch als Sylvia Kelvil der Film »Eine Frau ohne Bedeutung«, vom Regisseur Hans Steinhoff zur Schmähung der als dekadent gezeichneten Briten mißbraucht. Steinhoff führt 1938 auch Regie bei dem künstlerisch mißglückten Film »Tanz auf dem Vulkan« (mit Sybille Schmitz, Gisela Uhlen, Hans Leibelt und Theo Lingen), in dem Gründgens als zum Tode verurteilter revolutionärer Mime Debureau, zwischen Barrikaden umhertanzend, singt: »Die Nacht ist nicht allein zum Schlafen da...«. Und es ist ebenfalls Steinhoff, der 1941 den anti-englischen Propagandastreifen »Ohm Krüger« mit Emil Jannings in der Titelrolle zu verantworten hat. Gründgens, dem es im Jahr zuvor gelungen war, die ihm angebotene Titelrolle in Veit Harlans antisemtischem Film »Jud Süß« abzulehnen, kann sich der von Goebbels befohlenen Mitwirkung in der Rolle des unnahbaren britischen Kolonialministers Chamberlain nicht entziehen und erfüllt diesen »Staatsauftrag« ostentativ als von zwei Offizieren der Luftwaffe zu den Dreharbeiten begleiteter Staatsrat.

Gustaf Gründgens hatte schon 1932 und 1934 bei den Filmen »Eine Stadt steht Kopf«, einer temporeichen filmischen Aufbereitung von Gogols Komödie »Der Revisor«, und »Die Finanzen des Großherzogs«, einem spöttisch-satirischen Parlando über die dekadenten Zustände in einem fiktiven mediterranen Zwergstaat, Regie geführt. 1937 realisiert er als Regisseur den Film »Capriolen«, eine turbulente »sophisticated comedy«, die auf Jochen Huths von Gründgens im Jahr zuvor im Kleinen Haus gespielten und inszenierten Theaterstück »Himmel auf Erden« basiert; Gründgens selbst und seine Frau Marianne Hoppe spielen die Hauptrollen. Joseph Goebbels lehnt den Film entschieden ab, Göring hingegen setzt sich für ihn ein, der Führer Adolf Hitler persönlich muß die Komödie begutachten, die schließlich am 10.8.1937 dann doch erstmals öffentlich gezeigt werden darf. Mit seiner eigenen Produktionsgruppe innerhalb der Terra realisiert Gründgens im Herbst 1938 sein wohl wichtigstes Lichtspiel, die am 9. Februar 1939 uraufgeführte adäquate Verfilmung von Fontanes »Effi Briest« unter dem Titel »Der Schritt vom Wege«, mit Marianne Hoppe, der Gründgens das Filmexposé schon 1936 zur Hochzeit geschenkt hatte, als der mit dem märkischen Landadligen Instetten (Karl-Ludwig Diehl) verheirateten Effi, die sich ohne Schuldgefühle der Liebe zu Major Crampas (Paul Hartmann) hingibt. Dies entspricht keineswegs dem im Dritten Reich propagierten Frauenbild: »Es braucht ja nicht erst noch begründet zu werden, daß im Reiche Adolf Hitlers die Familie die unantastbare Kraft des äußeren und des inneren Gefüges des Volksganzen darstellt«, betont man in einer »Kunstbetrachtung«. [Der deutsche Film, März 1939, zit. nach: Holba, S. 16] Im Jahr darauf folgt mit dem ideologisch verbrämten Erntedienst-Lustspiel »Zwei Welten« eine gewisse Konzession des Filmregisseurs Gründgens an den Zeitgeist, doch es gelingt Gründgens weitgehend, propagandistischen Kameradschaftsgeist und ideologietreue Phrasendreschereien mit subtiler Ironie zu subvertieren. Als dritter und letzter Film der Gustaf-Gründgens-Produktion wird 1941 schließlich der vom Staatstheater-Bühnenbildner Traugott Müller inszenierte »Friedemann Bach« gedreht, in dem Gründgens den beinahe zum Bohemien romantisierten, rastlosen ältesten Sohn Johann Sebastian Bachs verkörpert. Alle weiteren Angebote wird Gründgens ausschlagen, trotz der fürstlichen Entlohnung mit 80.000 Reichsmark pro Film (eine Mercedes-Benz-Limousine erhält man beispielsweise für weniger als 4.000 Mark). In der Nachkriegszeit wird er nur zweimal noch vor der Kamera stehen, beidemal in auf der Bühne erprobten Rollen: als Bolingbroke in Helmut Käutners Adaption von Eugène Scribes Lustspiel »Ein Glas Wasser« (mit Hilde Krahl, Lilo Pulver und Sabine Sinjen) und als Mephisto in Goethes »Faust«, 1960 unter der Filmregie von Peter Gorski für die Nachwelt festgehalten, filmisch unbefriedigend, aber als abgefilmte Theaterinszenierung ein wichtiges Dokument der Bühnengeschichte. Alle anderen Angebote, etwa die Rolle des Richard Wagner in »Ludwig II.« mit O.W. Fischer oder die

Titelrolle in einem Farbfilm »Don Juan«, lehnt Gründgens ebenso ab wie die Offerten, Goethes »Egmont« und Shakespeares »Komödie der Irrungen« zu verfilmen.

Zu den wichtigsten Theaterinszenierungen des am 23. Dezember 1937 zum Generalintendanten ernannten Gründgens, zu dessen Titeln neben dem eines Preußischen Staatsrats auch der eines Präsidialrats der Reichstheaterkammer und der eines Reichskultursenators gehören, zählen in diesem Jahr Shakespeares »Was ihr wollt« mit Marianne Hoppe als Viola sowie Lessings »Emilia Galotti« mit Marianne Hoppe als Emilia und Gründgens selbst als Prinz. »Durch die »kühle Leidenschaft« Lessings, durch seine distanzierte und Distanz gebietende strenge und hohe Form kommt das Trauerspiel »Emilia Galotti« der Kunstforderung des Spielleiters Gustaf Gründgens entgegen wie kaum ein zweites Stück der deutschen Klassik. Hier kann er seine oft geäußerte Erkenntnis, daß die Kunst des Theaters Stilisierung, nicht Abbildung des Lebens bedeutet, daß sie Formung, nicht »Natürlichkeit« verlange, durch ein Beispiel von idealer Unbestreitbarkeit belegen«, urteilt Karl-Heinz Ruppel, der vom Erlebnis einer »vollkommenen Aufführung« spricht. [Kühlken, S. 102 f.] Im Jahr darauf, 1938, setzt Gründgens an der Staatsoper Mozarts »Zauberflöte« in Szene, musikalisch geleitet von Herbert von Karajan, 1939 »Dantons Tod« mit Gustav Knuth in der Titelrolle, Bernhard Minetti als Robespierre und sich selbst als St. Just und eine Neueinstudierung der »Minna von Barnhelm« mit Marianne Hoppe, 1940 schließlich Shakespeares »Wie es euch gefällt«, eine Inszenierung, die in ihrem auf das gesprochene Wort konzentrierten, konsequenten Verzicht auf alle Illusionsmittel stilbildend wird.

Wesentliche Rollen in diesen Jahren sind der Don Juan in Grabbes »Don Juan und Faust«, der Maler Louis Dubedat in Shaws »Arzt am Scheideweg«, die Titelrollen in Schillers »Verschwörung des Fiesco zu Genua« und in Shakespeares »Julius Cäsar«. Am 11. Oktober 1941 und am 22. Juni 1942 schließlich finden die Premieren der beiden Teile des »Faust« statt, erstmalig inszeniert von Gründgens, der die Rolle des Mephisto als gefallenen Engel, »als tragische Verkörperung luziferischen Geistes« [Ruppel: Großes Berliner Theater, S. 102] spielt, zusammen mit Paul Hartmann als Faust, Käthe Gold als Margarete und Maria Koppenhöfer als Marthe; Lola Müthel verkörpert in »Faust II« die Helena. »Die neue »Faust«-Aufführung ist ein Werk der inneren Reife, mit einer großartigen Strenge gegen sich selbst dem Essentiellen der Dichtung zugewandt und dem Emotionellen des Theaters nur jenen Raum gebend, dessen es zur Umwandlung des Sinnes ins anschauliche Bild bedarf, nicht mehr«, formuliert Karl-Heinz Ruppel sein Urteil. [ebd., S. 99] Während die Bühne des ersten Teils noch Versatzstücke gotischer Architektur zeigt, konzentriert der zweite Teil stärker auf das Wort und verzichtet auf dekorative Illustration.

Zwischen den beiden »Faust«-Teilen setzt Gründgens »Die lustigen Weiber von Windsor« in Szene, am 2. Januar 1943 dann Goethes »Iphigenie auf Tauris«. Am 26. Februar 1943 – acht Tage also nach Goebbels' rhetorischer Suggestivfrage im Sportpalast, ob die Anwesenden »den totalen Krieg« wollen, und auf den Tag genau neun Jahre nach seiner Berufung ans Staatstheater– teilt Gründgens Reichsmarschall Göring mit, er ziehe sich von der künstlerischen Arbeit zurück und melde sich zum Militär. Gründgens, der während seiner Soldatenzeit auch weiterhin verantwortlicher Generalintendant der Staatsschauspiele bleibt, sieht darin »die einzige Möglichkeit des Protestes, die ich hatte, wenn ich nicht nach Buchenwald gehen wollte. Ich dachte, meine Chance, am Leben zu bleiben, sei größer beim Militär als im Konzentrationslager.« [Briefe, S. 73] Goebbels vermutet »eine unangenehme Angelegenheit in puncto Homosexualität«. [Tagebuch, 3.4.1943] Hitler, der, so Goebbels, Gründgens seit langem als »zu unmännlich« ablehne und der Meinung sei, »daß man im öffentlichen Leben unter keinen Umständen die Homosexualität dulden darf« [17.8.1941], rätsle zwar über Gründgens' Motive, vertrete aber den Standpunkt, »daß Gründgens in der Wehrmacht weniger Schaden anrichten kann als im Theater.« [10.5.1943] Am 28. Juni 1943 wird Gründgens Soldat und zur Grundausbildung in die Krumhout-Kaserne in Utrecht eingewiesen, zur 11. Sturmgeschütz-Batterie, die von einem Neffen Görings

geführt wird. Nach zwei Monaten wird er in eine Flakstellung in der Nähe Amsterdams, dann auf den Flughafen Soesterdyk bei Amersfoort versetzt. Am 15. April 1944 befiehlt Göring seinen Schützling nach Berlin zurück, da dem Staatstheater die straffe Führung des Generalintendanten fehle. Dort hat am 24. Juli 1944 die letzte von insgesamt 22 Gründgens-Inszenierungen am Staatstheater Premiere: Schillers Sturm-und-Drang-Drama »Die Räuber«, von Gründgens nicht zuletzt aus dem Grund ausgewählt, möglichst viele von der Einziehung zur Wehrmacht bedrohte junge Schauspieler und Schauspielschüler besetzen zu können. Gründgens betont die tragischen Züge des unruhigen, machtgierigen Intriganten Franz, Hannsgeorg Laubenthal spielt dessen Bruder Karl, Paul Wegener den alten Grafen Moor. Er kürzt das Stück um etliche Stellen, die als gefährliche Anspielung auf die Gegenwart verstanden werden könnten (»Wilhelm Tell« und »Don Carlos« etwa sind zu diesem Zeitpunkt längst verboten), nimmt aber auch – in diesem Falle seiner Gesinnung mehr als der Werktreue verpflichtet – der Rolle des Spiegelberg ihre antisemitische Färbung, was einen Verweis durch den Reichstagsabgeordneten Fabricius zur Folge hat: »Für einen guten Schauspieler wäre es m.E. eine sehr lohnende Aufgabe, den Spiegelberg einmal [...] als Juden vom Schlage etwa eines Kurt Tucholsky auf die Bühne zu stellen.« [Kühlken, S. 165]
Gemäß einer Anordnung von Goebbels werden auf den 1. September 1944 wie alle deutschen Bühnen auch die Staatsschauspiele (seit November 1941 gehört als sogenanntes Lustspielhaus auch die ehemalige Komische Oper in der Friedrichstraße dazu, wo vor allem gehobene Boulevardstücke gezeigt werden) geschlossen. Diejenigen der insgesamt 1.450 Mitarbeiter, die noch nicht eingezogen sind oder nun einrücken müssen, werden der Rüstungsindustrie zugeteilt, einige wenige für Filmarbeiten u.k. gestellt. Bis zum endgültigen Verbot am 1. Oktober 1944 veranstaltet Gründgens zusammen mit einigen Kollegen noch Rezitationsabende auf der leeren Bühne des Staatstheaters, die Schauspieler einheitlich in schwarze und silbergraue Trikots gehüllt. Zunächst in Zeesen, dann in Berlin, erwartet Gründgens schließlich das Kriegsende.

Neubeginn

Gründgens, dessen Berliner Stadthaus im Park des Schlosses Bellevue von Bomben zerstört und ausgebrannt ist, hat im Haus von Gustav Knuth in der Charlottenburger Lindenallee 27 Unterschlupf gefunden und sogleich wieder begonnen zu inszenieren: Mit Antje Weisgerber und ihrem Mann Horst Caspar als Amalia und Karl Moor probt er im Harnack-Haus in Berlin-Dahlem »Die Räuber«. Sechsmal wird Gründgens von den Russen zu Verhören mitgenommen und wieder freigelassen. Gleichzeitig versucht man aber in großer Eile, die vakanten Intendantenposten zu besetzen. Und so richtet am 17. Mai 1945 Clemens Herzberg, der Bevollmächtigte des russischen Militärkommandanten Bersarin in Kunstangelegenheiten, an Gründgens die »händeringende Bitte«, dieser möge bis auf weiteres wieder die Leitung des Staatsschauspiels übernehmen. Doch am 6. Juni 1945 wird Gründgens erneut verhaftet und, angeblich, weil man den Titel Generalintendant falsch gedeutet hat, in einem Gefangenenlager bei Weesow, nordöstlich von Berlin, interniert, dann ins Lager Jamlitz unweit von Frankfurt an der Oder verlegt. Die hygienischen Zustände dort sind verheerend, die Versorgung mit Nahrungsmitteln ist unzulänglich, insbesondere in den Wintermonaten ist die Todesrate erschreckend hoch. Man weiß es, die Russen lieben »Kultura«, also trägt Gründgens hinter dem Stacheldraht des Lagers Bühnenmonologe und alte Schlager vor, improvisiert eine Inszenierung der Operette »Der Bettelstudent« mit Mitgefangenen, bringt Strauss' »Rosenkavalier« auf die Bretterbühne, Leoncavallos »Bajazzo« und Szenen aus Lortzing-Opern, schließlich Lehárs »Zigeunerliebe«. Marianne Hoppe und Peter Gorski, ein 24jähriger Sanitäter, mit dem sich Gründgens noch in den letzten Kriegswochen angefreundet hatte, bemühen sich um die Freilassung von Gründgens und organisieren zusammen mit dem Rechtsanwalt Friedrich Carl Sarre eidesstattliche Erklärungen verschiedener Schauspieler, u.a. von Ernst Busch, Theo Lingen, Paul Bildt, Paul Henckels und Max Reinhardts Schwager Hermann Thimig, daß Gründgens ihnen und zahlreichen Kollegen in der NS-Zeit geholfen habe. In Berlin und München unterzeichnen prominente Künstler Petitionen für Gründgens (Gründgens seinerseits wird später wiederum eidesstattliche Erklärungen zugunsten von Lothar Müthel, Emmy Sonnemann und Paul Hartmann abgeben und sich zugunsten von Werner Krauß, Hans Rehberg und des ehemaligen Reichsfilmintendanten Fritz Hippler äußern). Nach neunmonatiger Haft wird Gustaf Gründgens schließlich am 9. März 1946 freigelassen und begibt sich nach Berlin, zieht, da das Gutshaus in Zeesen ausgeplündert ist, zunächst in ein Haus in der Stallupöner Allee, dann gemeinsam mit Peter Gorski und dem jungen jüdischen Emigranten Gerhard Hirsch, der jetzt als englischer Sergeant in seine Heimat zurückgekehrt ist, in Ruth Hellbergs Villa in der Kastanienallee 20. Die Ehe mit Marianne Hoppe, die inzwischen ein Kind von dem englischen Journalisten Ralph Izzard erwartet, wird geschieden.

Das Schauspielhaus am Gendarmenmarkt, zuletzt für Konzerte genutzt, war noch in den letzten Kriegstagen von der SS in Brand gesteckt worden. Doch andere Bühnen hatten schon kurz nach der Kapitulation wieder zu spielen begonnen, allen voran das Renaissance-Theater, wo schon am 27. Mai der Schwank »Der Raub der Sabinerinnen« Premiere gehabt hatte. Am Deutschen Theater war zunächst im Sommer eine Staatstheaterinszenierung aus der Spielzeit 1943/44, Schillers »Parasit«, gezeigt worden, eine Inszenierung von Wilders »Unsere kleine Stadt« war von den Sowjets abgesetzt und das Haus am 7. September 1945 mit Lessings »Nathan der Weise« nochmals offiziell wiedereröffnet worden, jetzt unter der Intendanz des aus dem sowjetischen Exil heimgekehrten Gustav von Wangenheim (* 18.2.1895 Wiesbaden, † 5.8.1975 Berlin). Dieser hatte sich – wie auch Paul Wegener – mit Erfolg schon für Gründgens' Freilassung eingesetzt, nun verpflichtet er ihn am 14. März 1946, also nicht einmal eine Woche nach der Rückkehr aus der Gefangenschaft, als Schauspieler an sein Deutsches Theater. Zunächst muß Gründgens jedoch entnazifiziert werden. Am 11. April beginnt das Verfahren, das eine deutsche Prüfungskommission unter Vorsitz des einstigen Chemnitzer Theaterleiters und späteren WDR-Intendanten Hanns Hartmann in den Räumen der ehemaligen Reichskulturkammer in der Schlüterstraße durchführt. Zentraler Punkt dabei ist der Kauf des Gutes Zeesen im Jahre 1934. Der Verkäufer Rudolf Goldschmidt, ein Geschäftsmann jüdischer Herkunft, gibt an, die Kaufverhandlungen habe im Auftrag von Gründgens Rechtsanwalt Voss, der Rechtsberater der SA-Gruppe Brandenburg, in Uniform geführt, angemessen gewesen wären statt der Kaufsumme von 58.000 Reichsmark 150.000 RM. Gründgens wiederum erklärt, er habe von Voss' Beziehungen zur SA nichts gewußt. Am 18. April 1946 hat die deutsche Prüfungskommission entschieden: Gründgens könne nicht »als Nutznießer im üblichen Sinne« angesehen werden, die Anschuldigungen bezüglich des Kaufes von Zeesen seien »nicht stichhaltig«. Man erhebe keine Einwände gegen die Tätigkeit von Gründgens als Schauspieler. Belastend allerdings sei die Tatsache, daß Gründgens »vor den kulturpolitischen Forderungen des Dritten Reiches kapitulierte«. Die Kommission kommt daher zum Schluß, daß Gründgens »mit einer leitenden Tätigkeit auch als Regisseur und Theaterleiter nicht beauftragt werden sollte.« Nun müssen die Alliierten tagen, um das Urteil der deutschen Kommission zu bestätigen. Gegen die starken Vorbehalte der Amerikaner setzt sich der sowjetische Theateroffizier Arssenij Gulyga durch, der aufgrund der Aussage des kommunistischen Schauspielers Ernst Busch, daß dieser Gründgens sein Leben verdanke, von Gründgens' Unschuld überzeugt ist.

Gründgens hat seinen ersten Auftritt nach Kriegsende am 3. Mai 1946 am Deutschen Theater als Sternheims »Snob«, unter der Regie von Fritz Wisten, der bis zu dessen Auflösung 1941 das Theater des Jüdischen Kulturbundes geleitet, dann im KZ überlebt hatte. Als sich der Vorhang öffnet, sieht das Publikum des trotz enormer Schwarzmarktpreise ausverkauften Hauses Gründgens, halb auf einem Schreibtisch sitzend, halb stehend daran gelehnt, der sich mit der Hand aufs Knie schlägt und den ersten Satz seiner Rolle spricht: »Das ist gro-

tesk!« – minutenlanger Beifall begrüßt daraufhin den Zurückgekehrten, der am Deutschen Theater insgesamt 111mal mit
komödiantischer Lust die Rolle des Christian Maske spielen
wird. Paul Bildt und Elsa Wagner verkörpern die Eltern Maske, Heinrich Greif ist als Graf Palen zu sehen, Antje Weisgerber gibt die Rolle der Marianne von Palen. Ende Mai verkörpert Gründgens in Leonid Rachmanows Revolutionsdrama
»Stürmischer Lebensabend« unter der Regie von Wangenheims den selbstredend unsympathisch gezeichneten Anti-
kommunisten Worobjow, den Verfechter eines »l'art pour
l'art« der Wissenschaft, mit »sich überschreiender hysteri-
scher Schwäche als ätzender Charakteristik«, so Paul Rilla in
der Berliner Zeitung vom 1.6.1946.
Mitte August befaßt sich die alliierte Entnazifizierungskom-
mission erneut mit Gründgens, nun wird er auch als Regisseur
wieder zugelassen. Am 4. Oktober 1946 setzt er zur Wiedereröffnung der zweiten Bühne, der Kammerspiele, Shaws
Nebenwerk »Kapitän Brassbounds Bekehrung« mit Käthe
Dorsch und Hans Leibelt in Szene. Unter der Regie von Karl-
Heinz Stroux spielt Gründgens die Titelrolle in Sophokles'
Tragödie »König Oedipus«, Gerda Müller gibt die Iokaste,
Wolfgang Langhoff, der, aus dem Zürcher Exil zurückgekehrt,
zunächst Intendant in Düsseldorf geworden war und seit Beginn der Spielzeit der Nachfolger von Wangenheims in Berlin
ist, verkörpert den Kreon. Am 13. Februar 1947 hat unter
Gründgens' Leitung das erste große Revueprogramm in Berlin seit der Befreiung Premiere, Günter Neumanns Kabarett-
revue »Alles Theater«, die ein halbes Jahr lang erfolgreich im
Cabaret Ulenspiegel in der Nürnberger Straße gezeigt wird.
»Der Schatten« von Jewgenij Schwarz, den Gründgens als
deutsche Erstaufführung am 3. April 1947 in den Kammerspielen inszeniert, wird der Durchbruch für den jungen Heinz
Drache, der »weichlich und boshaft, verblassend, zergehend,
sehr begabt«, so Paul Rilla, in den 81 Aufführungen dieser
gesellschaftskritischen »Märchenkomödie für Erwachsene«
neben Siegmar Schneider als Gelehrten und Gisela Trowe als
Prinzessin die Titelrolle spielt, und ein Triumph für den Regisseur Gründgens. Die letzte, weniger erfolgreiche Inszenie-

rung von Gründgens in Berlin, Wedekinds »Marquis von Keith«, hat am 10. Juni 1947 Premiere. Gründgens selbst spielt die Titelrolle, außerdem wirken Lola Müthel, Werner Hinz und Gudrun Genest mit.

Die Presse meldet, daß Gründgens auch in der kommenden Spielzeit 1947/48 am Deutschen Theater inszenieren und auftreten werde, doch er fährt in einem englischen Militärzug in seine Geburtsstadt Düsseldorf, wo man ihm Anfang März 1947 das Amt des Generalintendanten der sämtliche Sparten, also Schauspiel, Oper, Operette und Ballett, umfassenden Städtischen Bühnen angeboten hat. Und Gründgens hat zugesagt, »nicht«, so beteuert er, »um Berliner Theater zu machen oder um die Insel, wie wir damals unser Schauspielhaus am Gendarmenmarkt nannten, hier in neuer Auflage erstehen zu lassen. Solche Versuche sind gedankenlos, unkünstlerisch und entsprechen nicht unserer Zeit, in der wir leben.« [Wirklichkeit, S. 126] Gründgens' Entscheidung für Düsseldorf ist symptomatisch für den durch die geopolitische Lage der geteilten Hauptstadt bedingten Wandel der Theaterstruktur in der Nachkriegszeit: An die Stelle der alle anderen Städte überstrahlenden Theatermetropole Berlin tritt nun rund ein Dutzend fast gleichgewichtiger Theaterzentren. Doch abgesehen von dieser Dezentralisierung ist die Kontinuität des Theaterwesens über das Jahr 1945 hinaus eine gleich dreifache: eine strukturelle, eine ästhetische und vor allem auch eine personelle. Selbst die anfänglich recht rigoros gehandhabte Lizenzvergabe ausschließlich an politisch unbelastete Theaterleiter weicht im Zuge der immer großzügigeren Entnazifizierungsverfahren schon bald der pragmatischen Suche nach erfahrenen Intendanten, ungeachtet deren mit Persilscheinen weißgewaschener NS-Vergangenheit. Emil Jannings und Eugen Klöpfer sind zwei der wenigen, zumindest zeitweise mit Berufsverbot belegten Theatergrößen der NS-Zeit. Gründgens hingegen, der zwar keineswegs Nationalsozialist war, sich aber immerhin als prominentes Aushängeschild des Regimes hatte benutzen lassen, ist das wohl schlagendste Beispiel für diese Kontinuität.

Jede Militärregierung hat ihr eigenes Entnazifizierungsverfahren, und so muß sich Gründgens am 12. April 1947 in Düsseldorf erneut verantworten, zunächst vor einer von den Briten eingesetzten deutschen Kommission. Diese hat »keine Bedenken« und empfiehlt Gründgens' Zulassung als Theaterleiter. Doch die britische Militärregierung bestätigt diese Empfehlung nicht, sondern stuft Gründgens – vor allem wegen dessen Mitwirkung in dem anti-englischen Propagandafilm »Ohm Krüger« – am 6. August 1947 in Kategorie IV, also als »Mitläufer«, ein. Gründgens erhält damit zwar die Lizenz als Theaterleiter und darf sein Amt antreten, doch mit dieser Eingruppierung ist seine Stellung als Intendant nicht ungefährdet, er legt Einspruch ein. Der Rechtsanwalt (und spätere Kultusminister) Werner Schütz bereitet das Berufungsverfahren vor, argumentiert, Gründgens habe die Rolle nur unter Zwang und unter Verzicht auf eine Gage angenommen, einer Anordnung Goebbels' Folge leistend. Dabei stützt sich Schütz vor allem auf einen Briefwechsel zwischen Gründgens und dem Hauptdarsteller Emil Jannings (der selbst den Filmstoff entwickelt hatte), in dem Gründgens diesem mitteilt, er sei bei den Dreharbeiten nicht als Kollege anwesend, sondern wünsche mit seinem Titel des Staatsrats angesprochen zu werden. Gründgens und Schütz werden in ihren Bemühungen um eine Revision der Einstufung unterstützt vom Düsseldorfer Oberstadtdirektor: »Ich habe dem Entnazifizierungsausschuß in einem sehr eingehenden Schreiben dargetan, daß die erfolgte Einstufung in Gruppe IV sachlich nicht haltbar ist, und wenn sie aufrecht erhalten würde, dazu führen müßte, daß Herr Gründgens [...] sein Verhältnis zu Düsseldorf löst. Ich habe deshalb dringend darum gebeten, daß der Ausschuß bei der Militärregierung im Sinne einer Änderung der Einstufung vorstellig werden möge. [...] Herr Ministerpräsident Arnold hat mir zugesagt, daß er in dieser Sache mit dem Regional Commissioner, Mr. Asbury, unmittelbar Fühlung nehmen wolle.« [Hennrich, S. 78] Die Bemühungen sind erfolgreich, am 7. April 1948 wird Gründgens endgültig als »entlastet« eingestuft.

Zu den Städtischen Bühnen Düsseldorf gehören im Jahr 1947 drei Theater: das Opernhaus mit 1.041 Plätzen, dann das so-

genannte Neue Theater mit 561 Plätzen, ein Saal ohne Schnür-
boden im Gebäude der Provinzial-Feuerversicherung in der
Friedrichstraße, und schließlich die 368 Zuschauer fassenden
Kammerspiele, die in der Aula der Luisen-Schule unterge-
bracht sind, insgesamt ein nur schwer zu disponierender Kom-
plex. Hinzu kommt als vierte Spielstätte mit 550 Plätzen der
Gesolei-Saal in den Henkel-Werken in Holthausen, die sogenannte »Volksbühne«. Nicht allein die unzulängliche Technik
der Behelfsbühnen ist problematisch, es fehlt an Kostümen
ebenso wie an Materialien zum Kulissenbau. Auch die Nah-
rungsmittel sind knapp, und aufgrund der akuten Wohnungs-
not müssen einige Schauspieler vorläufig in den Theater-
garderoben des Opernhauses und anderen Behelfsunterkünf-
ten wohnen. Gründgens und sein Lebensgefährte Peter Gorski
(den er 1949 adoptieren wird), am Düsseldorfer Theater als
Regieassistent und persönlicher Referent verpflichtet, ziehen
aus der ersten, von der Stadt überlassenen Wohnung schon
bald in eine Sieben-Zimmer-Wohnung in der Cecilienallee 77,
die Stadt stellt einen Wagen mit Chauffeur zur Verfügung,
auch eine Haushälterin wird bald gefunden. Der neue Intendant Gründgens übernimmt fast das ganze, im Verhältnis zum
Berliner Staatstheater kleine Düsseldorfer Ensemble, zu dem
neben seinem alten Lehrer Peter Esser auch Adolf Dell und
Rudolf Therkatz gehören. Neuengagements und durch kurz-
fristige Verträge verpflichtete prominente Gäste ergänzen die
Stammspieler. Aus Berlin bringt Gründgens die jungen Schauspieler Heinz Drache und Peer Schmidt mit nach Düsseldorf,
ebenso die vertraute Sekretärin Margarethe Peppel, den
Betriebsbüroleiter Karl Rupprecht und den technischen Direktor Willi Ehle. Viele ehemals am Berliner Staatstheater engagierte Schauspieler folgen zumindest für eine gewisse Zeit
dem Ruf an den Rhein, allen voran Elisabeth Flickenschildt,
Paul Hartmann, Ullrich Haupt, Paul Henckels, Marianne
Hoppe und später auch Antje Weisgerber. Hans Schalla, An-
ton Krilla, der bereits seit 1941 in Düsseldorf Regie führt, und
ab 1949 Ludwig Cremer und Ulrich Erfurth werden die maß-
geblichen Spielleiter des Schauspiels, Alex Schum wird 1948
als Nachfolger von Werner Jacob Oberspielleiter der Oper,

Rolf Badenhausen (der bereits an den Berliner Staatstheatern als Dramaturg tätig war) Chefdramaturg und Stellvertreter des Generalintendanten, der Schauspielschüler Imo Moszkowicz, der das Konzentrationslager Auschwitz überlebt hat, ein wichtiger Regieassistent.

Gründgens eröffnet die erste Spielzeit am 15. September 1947 mit Sophokles' »Oedipus«, wie schon am Deutschen Theater von Stroux in den Bühnenbildern von Herta Boehm inszeniert, nun mit Elisabeth Flickenschildt als Iokaste. Tags darauf folgt Mozarts Oper »Die Hochzeit des Figaro«, vom Hausherrn Gründgens in Szene gesetzt, deutliches Zeichen dafür, daß Gründgens das Musiktheater keineswegs zweitrangig behandeln will. So wird er in den kommenden zwei Jahren in Düsseldorf die Offenbach-Operette »Die Banditen«, Webers romantische Oper »Der Freischütz«, Milhauds Einakter »Der arme Matrose« und sogar Puccinis »Madame Butterfly« inszenieren. Auch in den folgenden Jahren wird Gründgens immer wieder musikdramatische Werke realisieren, als Gastregisseur am Gärtnerplatztheater in München, beim Maggio Musicale Fiorentino, an der Deutschen Oper Düsseldorf-Duisburg (Verdis »Macbeth«), an der Scala di Milano (Glucks »Orpheus und Eurydike«) und bei den Salzburger Festspielen (Verdis »Don Carlos«, dirigiert von Herbert von Karajan).

Am 7. November 1947 findet die deutsche Erstaufführung von Sartres existentialistischem Drama »Die Fliegen« statt, mit Gründgens als Orest, Marianne Hoppe als Elektra und Elisabeth Flickenschildt als Klytämnestra. Im Zentrum des Dramas steht die Entscheidungsfreiheit, aber auch -pflicht des einzelnen, die individuelle Selbstverantwortung. Doch ebenso wie das Stück im Paris zur Zeit der deutschen Besatzung (und selbst noch bei der deutschsprachigen Erstaufführung 1944 in Zürich) als Aufruf zur Résistance verstanden worden ist, entspricht es auch dem Befreiungsgefühl im Nachkriegsdeutschland: Orest nimmt die Schuld auf sich, zieht die Erinnyen auf sich und erlöst die Stadt, »der neue politische Täter, der alles neu macht kraft eigener Freiheit. Der Arbeit auf sich nimmt, sich die Hände schmutzig macht, sich für andere verwendet.« [Günther Rühle: Anarchie in der Regie?,

S. 19] Nicht Vergangenheitsbewältigung, sondern Wiederaufbau heißt schließlich die Devise der Stunde. Aus Kreisen der katholischen Jugend erhebt sich der lauteste Protest gegen die vieldiskutierte Aufführung: Die Selbstbefreiung des Menschen sei allenfalls eine scheinbare, nur in der Erlösung durch Christus offenbare sich die Wahrheit.

Ungewohnt leise und verhaltene, nuancierte Kammerspieltöne findet Gründgens als schillernder, labiler Trigorin in Tschechows »Möwe«, die er mit Paula Denk, Heinz Drache und Elisabeth Flickenschildt noch in der gleichen Saison atmosphärisch-dicht in Szene setzt.

Die Währungsreform am 20. Juni 1948 erschüttert die deutsche Theaterlandschaft, viele Bühnen erleiden empfindliche Einnahmeeinbußen. Von 419 Theatern in der Spielzeit 1947/48 existieren 1949 gerade noch 104. Zwar sinkt auch an den Städtischen Bühnen Düsseldorf die Besucherfrequenz kurzfristig auf durchschnittlich 30%, werden die Gagen gestundet, das bisher eigenständige Operettenensemble wird in das Opernensemble eingegliedert, und man entschließt sich, die Volksbühne ab 18. August 1948 zu schließen, doch schon im September erreicht man mit einer Platzausnutzung von 75% insgesamt 98% des Einnahmesolls, im Oktober kann man in Düsseldorf wieder eine Platzausnutzung von 82% und eine Überschreitung des Einnahmesolls um 25% vorweisen. Für die Spielzeit 1948/49 werden erstmals Abonnements vergeben, insgesamt 4.000 Plätze in einer Vorstellungen aller Sparten umfassenden gemischten Reihe.

Zum Auftakt dieser zweiten Spielzeit führt Gründgens erstmals in Düsseldorf bei einem Klassiker Regie, bei Shakespeares selten gespielter Komödie »Zwei Herren aus Verona«, in der Übersetzung des von Gründgens seit langem geschätzten, von vielen als Effekthascher abgelehnten Hans Rothe. Den Spielplan dieser Saison prägt indes eine Trilogie von der Not des jungen Menschen: Wedekinds »Frühlings Erwachen«, von Gründgens mit Wolfgang Wahl, Bert Ledwoch und Elisabeth Wiedemann inszeniert, sowie Hasenclevers »Sohn« mit Heinz Drache und Borcherts Kriegsheimkehrer-Drama »Draußen vor der Tür« mit Peer Schmidt, beides unter Hans

Schallas Leitung. An allen drei Abenden verzichtet man auf Kostüme und Requisiten, der Bühnenraum ist ein leerer Kasten mit einem Stuhl, einem Tisch, einem Vorhang sowie einem Gestell, das als Geländer ebenso dienen kann wie als Laufsteg in halber Höhe der Wand. Der Regisseur der jeweiligen Aufführung – also Gründgens oder Schalla – sitzt seitlich vor dem Bühnenrahmen an einem kleinen Tisch, sagt einige Worte über Ort und Zeit der Szene oder greift in das Geschehen ein: Gründgens etwa steht in der Friedhofsszene von »Frühlings Erwachen« vom Tisch auf und steigt auf die Bühne, um die Rolle des vermummten Herrn zu übernehmen. »Es bleibt die Bedeutung des Worts und die sparsame Geste. Die Schauspielerin muß einen Tisch decken, ohne ein Gefäß in der Hand zu haben. Sie muß alles vorstellen, das Öffnen eines Fensters (welches in der Szenerie gar nicht vorhanden), das Zuschlagen einer Tür.« [Rheinische Zeitung, 20.9.1948]

Der von Gründgens bereits in Berlin erprobten Titelrolle in Sternheims »Snob« folgt am 14. Januar 1949 diejenige in Goethes »Tasso«. Während Gründgens mit seinem Versuch, einen in sich gekehrten, kühlen Tasso, die »Tragödie des Geistes […], die in strengen Maßen und Formen vor sich geht« [Briefe, S. 409] zu spielen, scheitert, kann Marianne Hoppe als Leonore von Este Triumphe feiern. Nicht zuletzt aufgrund der schlechten Kritiken, in denen er teilweise gar als Fehlbesetzung bezeichnet wird, gibt Gründgens nach nur zehn Vorstellungen die Titelrolle an den jüngeren und strahlenderen Heldendarsteller Horst Caspar ab. Ebenfalls als Beitrag zum Goethe-Jahr 1949 findet am 13. April im Opernhaus die Premiere des »Faust« statt, mit Gründgens als Mephistopheles sowie Paul Hartmann und Horst Caspar alternierend als Faust, Antje Weisgerber als Gretchen und Elisabeth Flickenschildt als Marthe Schwerdtlein. Die Aufführung folgt in den Grundzügen der Berliner Konzeption. Stärker jedoch noch als 1941 am Staatstheater interpretiert Gründgens den Mephisto als gefallenen Engel, der an seiner Entfernung von Gott und an sich selbst ohnmächtig leidet. Als erstes Auslandsgastspiel einer deutschen Schauspieltruppe seit Kriegsende wird die Aufführung im September in Edinburgh gezeigt. Der Vorhang fällt jedoch schon kurz nach Beginn der (schließlich doch noch zu Ende gespielten) Vorstellung, denn vom obersten Rang des Zuschauerraums werden Flugblätter gegen Gründgens geworfen: »Did you know? Hitler's »Senator of Culture« and Goering's friend – in Edinburgh! [...] In Germany today one of the tasks of the Allies must be to re-educate the German Nation and bring it back into the European Cultural life. However, we suggest that worthier representatives of German Culture« than former »Nazi State Councillors« be invited to represent their country in Edinburgh. There were many Germans who joined with us in resisting Hitler and who did not lend their art to the Nazis. We do NOT want Goering's friend in Edinburgh. Send him home!« [Briefe, S. 89] Doch ein Großteil der englischen Presse bezieht Stellung für Gründgens und würdigt das »Faust«-Gastspiel.

Ulrich Erfurth (* 22.3.1910 Elberfeld, † 21.9.1986 Hamburg) inszeniert am 22. Dezember 1949 zum 50. Geburtstag des Intendanten Shakespeares »Hamlet«, mit Elisabeth Flickenschildt als maskenhaft starrer, wie unter hypnotischem Zwang agierender Königin, Solveig Thomas als Ophelia und natürlich mit Gründgens in der Titelrolle: »[...] ein überraschend jugendlicher, keineswegs gefühlskalter, überwacher Hamlet, schmerzlich lustvoll die eigene Tragödie der tatlähmenden Bewußtheit voll auskostend. Tänzerisch beflügelt, fechterhaft gespannt, der schönen Sprachmelodie wie der großen, schwingenden Geste rückhaltlos hingegeben, treibt ihn die früherkannte Todesgewißheit dazu, jede Möglichkeit der Selbstgestaltung, der Selbstverwirklichung noch einmal spielend und genießerisch auszulegen. Mit ausgebreiteten Armen frontal zum Publikum gewandt, ruft er laut die Frage nach Sein oder Nichtsein in den Raum, um erst gegen Ende des Monologs wie aus einem Rausch zu erwachen. Nur an wenigen Höhepunkten läßt er leise die Melancholie, das Wissen um die metaphysisch bestimmte Prädestination des eigenen Untergangs blitzartig aufschimmern.« [Die Welt, 24.12.1949]

Die klassischen Dramen bilden zwar das Rückgrat des Spielplans, dominieren ihn aber nicht mehr so stark wie noch in Berlin. Die Zahl der Düsseldorfer Uraufführungen (darunter

1950 Stefan Andres' »Gottes Utopia« und 1955 Wolfgang Hildesheimers »Turandot«-Variante »Der Drachenthron«) und Erstaufführungen insbesondere anglo-amerikanischer Stücke (u.a. Terence Rattigans Problemstück »Der Fall Winslow« mit Gründgens als glattem, etwas blasierten Staranwalt Sir Robert Morton, John Patricks »Kleines Teehaus« und am 26. April 1950 die bedeutende deutsche Erstaufführung von Arthur Millers »Tod des Handlungsreisenden« mit Rudolf Therkatz in der Titelrolle) ist beachtlich. Daneben findet sich eine ganze Reihe weiterer zeitgenössischer Autoren wie Tennessee Williams, Thornton Wilder, Jean Giraudoux, Carl Zuckmayer oder Friedrich Dürrenmatt; hingegen fehlt beispielsweise Samuel Beckett, dessen »Warten auf Godot« 1953/54 an 20 westdeutschen Bühnen inszeniert wird, nicht aber in Düsseldorf – dem absurden Theater verschließt sich Gründgens Zeit seines Lebens.

Die deutsche Erstaufführung von T.S. Eliots Schauspiel »Der Familientag« am 10. Februar 1950 mit Heinz Drache in der Hauptrolle verantwortet Gründgens selbst, ebenso (zusammen mit Ulrich Erfurth) die deutsche Erstaufführung von Kafkas »Prozeß«, dramatisiert von André Gide und dem französischen Schauspieler Jean-Louis Barrault, die zu Beginn der vierten Spielzeit, am 19. September 1950, mit Gründgens als Josef K. Premiere hat. Schon am 9. Dezember 1950 folgt die nächste Eliot-Erstaufführung: »Die Cocktail-Party«, eine Komödie über die Unfähigkeit, zu lieben und sich lieben zu lassen. 1949 ist zwar der Plan, Brechts »Heilige Johanna der Schlachthöfe« mit Marianne Hoppe und Fritz Kortner in den Hauptrollen uraufzuführen, gescheitert. Doch Gründgens läßt 1950 Bertolt Brechts Berliner Ensemble mit drei exemplarischen Inszenierungen in Düsseldorf gastieren (Brechts Drama »Herr Puntila und sein Knecht Matti«, seine Bearbeitung von Lenz' »Hofmeister« sowie Gorkis »Wassa Schelesnowa«) und löst damit heftige politische Kontroversen um dieses Gastspiel aus der DDR aus.

Gründgens' Düsseldorfer Intendantentätigkeit ist auch wirtschaftlich erfolgreich, stets hat man mehr eingespielt, als das Etat-Soll vorgab, ohne auf der Ausgabenseite zu überziehen.

Die finanziellen Möglichkeiten des Mehrspartenbetriebs sind allerdings dennoch verhältnismäßig gering. Seit der Währungsreform erhalten die Städtischen Bühnen Subventionen in Höhe von 990.000 DM, Köln hingegen hat einen Etat von 1,9 Millionen DM, Frankfurt am Main von rund 2,5 Millionen DM. Insbesondere der Opernbetrieb leidet unter den bescheidenen Möglichkeiten, liegen doch die Sängergagen in Düsseldorf wie überall zwar weit über jenen der Schauspieler, sind aber nur halb bis ein Viertel so hoch wie an den Staatsopern in Hamburg oder München. So reicht der Etat nicht aus, ausschließlich Sänger zu verpflichten, deren Qualität den in Düsseldorf engagierten Schauspielern entspricht. Und dennoch sieht sich Gründgens der Erwartung ausgesetzt, ebenso wie im Schauspiel auch im Musiktheater mit den großen Häusern in Berlin, München und Hamburg konkurrieren zu können. Die Auswirkungen der beschränkten finanziellen Möglichkeiten auch auf den Spielplan sind evident: »Der in der Presse leicht auszustoßende Ruf nach einer modernen Oper wird vom Publikum sehr spröde und zögernd beantwortet. Wenn eine Düsseldorfer »Tannhäuser«-Vorstellung (die ich vom Künstlerischen her kaum vertretbar finde) 5.600 DM einbringt, so bringt der Versuch der Wiederaufnahme der künstlerisch erstklassigen Aufführung von »Wozzeck« eine Einnahme von 1.400 DM. Dabei bleibe ich 50% unter dem mir auferlegten Einnahmesoll«, berichtet Gründgens im Februar 1949 dem Kulturausschuß [Briefe, S. 194] Am 6. März 1950 bilanziert er auf einer Pressekonferenz: »In 2 1/2 Jahren meiner Amtstätigkeit gelangten 20 Opern, 9 Operetten und 49 Schauspiele zur Neueinstudierung. Die Kostüme dazu wurden auf 4 Nähmaschinen der Damenschneiderei und 3 Nähmaschinen der Herrenschneiderei hergestellt. Kaum in einem Sektor des öffentlichen Lebens machte sich die Diskrepanz zwischen der Realität des Alltags einerseits und den ideellen Forderungen der öffentlichen Meinung und den materiellen der öffentlichen Hand andererseits deutlicher bemerkbar.« [Briefe, S. 204 f.] Doch wie die Haushaltslage vieler Städte ist auch diejenige Düsseldorfs angespannt. Der Deutsche Städtetag empfiehlt zur Kostensenkung den Zusammenschluß ein-

zelner Theater, sogar die Fusion der Bühnen in Bonn, Düsseldorf und Köln wird diskutiert, angesichts zahlreicher Prote-
ste aber nicht verwirklicht.

Gründgens, im Spiel mit den Oberen versiert, reicht im Februar 1951 nach diversen Krächen und Krisen seinen Rücktritt ein, um eine Strukturreform der Theaterverwaltung und
damit bessere Arbeitsbedingungen zu erreichen und taktiert
wie schon so oft auf ebenso spektakuläre wie erfolgreiche
Weise. Schon im Jahr zuvor hatte man mit einer Verwaltungs-
anordnung vom 1. April 1950 die Städtischen Bühnen aus dem
Zuständigkeitsbereich des Amtes für kulturelle Angelegen-
heiten ausgegliedert und eine eigene Dienststelle – das »Amt
32« – geschaffen, die vom Kulturdezernat unabhängig war
und ausschließlich dem Oberstadtdirektor unterstand. 1951
nun fordert Gründgens die Umwandlung des Theaters vom
starren Regiebetrieb in eine flexible GmbH, um dadurch eine
größere Unabhängigkeit von eventuellen Wechseln in der politischen Zusammensetzung städtischer Ausschüsse sowie
weitgehende Freiheit in der Etatverteilung, ohne Einflußnah-
me durch die Verwaltungsbürokratie, zu erreichen – eine bereits in den 20er Jahren nicht seltene Betriebsform, die bis
heute von vielen durch die kameralistische Betriebsform fru-
strierten Stadttheaterintendanten angestrebt wird. Dabei orientiert sich Gründgens nicht nur am Vorbild Heinz Hilperts,
der 1950 eine Direktionsübernahme in Göttingen erfolgreich
an die Bedingung geknüpft hatte, daß das Theater künftig in
der Betriebsform einer GmbH geführt werde, auch die Rechts-
träger des Deutschen Schauspielhauses und des Thalia-Theaters in Hamburg, der Bühnen in Bremen, Gelsenkirchen, Hil-
desheim, Kaiserslautern und Rendsburg sind bereits Gesell-
schaften mit beschränkter Haftung, deren Geschäftsführer der
jeweilige Intendant ist. Gründgens medien- und öffentlich-
keitswirksamer Rücktritt, in dessen Folge auch einige populäre Ensemblemitglieder auf eine Vertragsverlängerung verzichtet haben, verfehlt seine kalkulierte Wirkung nicht. Der Kulturausschuß spricht sich zwar gegen die Herauslösung des
Schauspiels aus dem Verband der Städtischen Bühnen aus, der
Hauptausschuß der Stadt jedoch und die Stadtverordneten-

Versammlung befürworten diese: Oper und Schauspiel werden getrennt; als Leiter der Städtischen Bühnen, das heißt jetzt also der Oper, beruft man Walter Bruno Iltz. Am 10. April 1951 wird eine von der Stadt Düsseldorf, dem Land Nordrhein-Westfalen, dem Deutschen Gewerkschaftsbund und einigen in der »Gesellschaft der Freunde des Düsseldorfer Schauspielhauses« organisierten Geldgebern aus der Wirtschaft getragene »Neue Schauspiel Gesellschaft m.b.H.« gegründet, als deren alleiniger, dem Aufsichtsrat verantwortlicher Geschäftsführer man Gustaf Gründgens verpflichtet. Er erhält laut dem Vertrag vom 3. August 1951 für diese Tätigkeit 26.000 DM sowie eine Aufwandsentschädigung von 4.000 DM per annum und zusätzlich einen Wagen mit Chauffeur; jeder Auftritt als Schauspieler wird mit 750 DM honoriert und für fünf Vorstellungen monatlich garantiert. Für die verhältnismäßig geringe Summe von 1,2 Millionen DM wird das im Krieg zerbombte Operettenhaus in der Jahnstraße wieder auf- und umgebaut, auf einem nahegelegenen Industriegelände werden neue Werkstätten errichtet. Am 13. September 1951 kann das etwas mehr als 1.000 Zuschauer fassende Düsseldorfer Schauspielhaus eröffnet werden: Gründgens inszeniert wie schon 1944 in Berlin »Die Räuber« und spielt den Franz Moor, diesmal neben Ullrich Haupt als nüchternem Karl und Antje Weisgerber als Amalia. »Das ist etwas ganz anderes als die nach dem Krieg eine Zeitlang beliebt gewesene billige Aktualisierung, die in Schillers Jugendwerk eine Art Heimkehrerstück, ein Drama der Entwurzelten und ein Dokument der sozialen Lage sah. Gründgens stellt die »Räuber« in eine viel weiter und tiefer reichende Beziehung zu unserer Zeit, indem er die beklemmende Gleichartigkeit des Lebensgefühls aufspürt, das den Menschen, zumal den jungen, in Anarchie und Nihilismus treibt«, rezensiert Karl-Heinz Ruppel die Aufführung. [Süddeutsche Zeitung, 15./16.9.1951] In derselben Saison führt Gründgens u.a. bei Shakespeares Komödie »Wie es euch gefällt« (die er im Sommer 1951 bereits im Rahmen der Salzburger Festspiele inszeniert hatte) Regie, ebenso bei Christopher Frys »Venus im Licht« mit den aus dem englischen Exil zurückgekehrten Adolf Wohlbrück und Sybille Binder und bei Raimunds Zaubermärchen »Der Alpenkönig und der Menschenfeind« mit seinem künstlerischen Antipoden Fritz Kortner als Rappelkopf. Und er spielt die erste Altersrolle, die Titelrolle in Pirandellos »Heinrich IV.«, von Gründgens selbst inszeniert. Ulrich Erfurth führt Regie bei Tennessee Williams' »Glasmenagerie« mit Elisabeth Flickenschildt, Käthe Gold, Ullrich Haupt und Heinz Drache, bei Calderóns »Leben ein Traum« mit Horst Caspar als Sigismund und bei Grillparzers »Medea« mit Elisabeth Flickenschildt in der Titelrolle. Charles Regnier setzt Curt Goetz' »Dr. med. Hiob Prätorius« mit Adolf Wohlbrück in Szene, Günther Lüders Spoerls Komödie »Der Maulkorb« und Hans Schalla »Dantons Tod«.

Die Bilanz der ersten Saison der zwar in Form einer Ausfallgarantie öffentlich subventionierten, aber privatwirtschaftlich-kommerziell geführten Neuen Schauspiel GmbH ist äußerst positiv: künstlerisch – insgesamt sind 15 Inszenierungen von zum Teil hohem Rang erarbeitet worden – und ökonomisch, nicht zuletzt dank einer Verringerung des Anteils der zu reduzierten Preisen verkauften Abonnementsplätze zugunsten höherer Abendeinnahmen und einer größeren Flexibilität in der Spielplangestaltung, die zusätzliche Vorstellungen gefragter Produktionen ermöglicht. So sind 1951/52 nur 250.000 DM der vom Aufsichtsrat der GmbH (vertreten durch den Regierungspräsidenten) zur Verfügung gestellten Ausfallgarantie von 750.000 DM benötigt worden.

Gründgens, dessen Reform also offenkundig erfolgreich ist, wendet sich im Oktober 1952 mit einer Erklärung, die als »Düsseldorfer Manifest« in die Theatergeschichte eingehen wird, an die Öffentlichkeit, mitunterzeichnet u.a. von den deutschen Intendanten Barlog, Buckwitz, Hilpert, Maisch, Schalla und Schweikart, vom Burgtheaterdirektor Josef Gielen, von Oskar Wälterlin, dem Direktor des Zürcher Schauspielhauses, und seinem Dramaturgen Kurt Hirschfeld sowie den Regisseuren Lindtberg, Schmidt, Stroux und Viertel, einigen Rundfunkintendanten, Verlegern und Publizisten. Dieses »Düsseldorfer Manifest« zielt weniger auf weitere betriebswirtschaftliche Reformen und eine größere finanzielle wie künstlerische Unabhängigkeit von städtischen Verwaltungen, sondern legt vor allem das unglücklich formulierte Bekenntnis zu einer maßstäblichen Traditionsbildung in ästhetischer und dramaturgischer Hinsicht ab, versucht, den klassizistischen Stil des Initianten Gründgens ideologisch abzusichern. Die Unterzeichneten, so heißt es, hätten sich »bei völliger Wahrung ihrer persönlichen Freiheit zu einem laufenden Gedankenaustausch entschlossen, um eine gesunde, echte Tradition, die im Laufe der letzten Jahrzehnte immer mehr geschwunden ist, zu schaffen und zu erhalten. Sie sind der Überzeugung, daß es an der Zeit ist, sich zu wehren: gegen unsachliche Einflüsse auf den Aufbau der Spielpläne, gegen eine willkürliche Interpretation der Dichtung durch ungerechtfertigte Experimente, die sich zwischen Werk und Zuhörer drängen.« [Die Zeit, 16.10.1952] Was aber heißt »willkürliche Interpretation«? Wer entscheidet, was werktreu oder, so nennt es Gründgens, »partiturgetreu« ist, wann Experimente ungerechtfertigt sind und sich »zwischen Werk« und – man beachte! – »Zuhörer« drängen? Der Austausch aller Informationen werde, so heißt es, »von dem persönlichen Sekretariat Gustaf Gründgens« koordiniert. »Die Zusammensetzung des Personenkreises läßt die Möglichkeit zu, ein Werk von den verschiedensten Gesichtspunkten aus zu betrachten, zu werten und weiter zu empfehlen«, liest man im Manifest – doch wie verschieden sind die ästhetischen und dramaturgischen Maximen der Unterzeichner, die sich alle einem bürgerlich-repräsentativen Theater verpflichtet fühlen, ob in humanistischem Realismus wie Wälterlin oder in formalistischem, repräsentativem Klassizismus wie Gründgens? Wer zensiert die Avantgarde, wer bestimmt, welche vermeintlich »gesunde, echte« Tradition zu welchem Zeitpunkt ihrer fließenden Entwicklung erstarren und zementiert werden soll? Im Kreis der Unterzeichner fehlen, nota bene, Namen wie Erich Engel, Jürgen Fehling, Heinrich Koch, Fritz Kortner, Erwin Piscator und Gustav Rudolf Sellner nicht ohne tieferen Sinn, Hans Schweikart zieht nach Veröffentlichung des Manifests seine Unterschrift wieder zurück. Übrigens zählt es durchaus auch zu Gründgens' Gepflogenheiten, an seinen souverän, aber

auch autokratisch geführten Theatern kraft seines Intendan-
tenamtes bei Inszenierungen anderer Regisseure nicht nur aus-
führliche Konzeptionsgespräche zu führen und Bühnenbild-
entwürfe abzusegnen, sondern auch Änderungen vorzuneh-
men, wo er es für nötig befindet, noch auf der Hauptprobe
mit seinen »Goldhändchen«, wie er es nennt, seiner Ansicht
nach mißlungene Details auszubessern, aber auch ganze Ar-
rangements zu ändern und Striche anzuordnen, natürlich, so
betont er, immer im Dienste einer möglichst erfolgreichen
Premiere. Zu den Konsequenzen dieser in der Prägnanz ihrer
so knappen wie präzisen Formulierung genialen Korrekturen
gehört allerdings die Verunsicherung einiger Schauspieler und
Regisseure ebenso wie mitunter ein reduziertes Engagement
auf den Proben, da ja »der Chef« bei der Abnahme womöglich
doch alles wieder ändere. So dankbar die meisten Kollegen für
die hilfreiche, profunde Manöverkritik des Intendanten auch
sein mögen – es bleiben Eingriffe in eine künstlerische Arbeit,
die schließlich von dem jeweiligen Regisseur, der möglicher-
weise divergierende Ansichten hat, mit seinem Namen verantwortet werden muß. In Hamburg wird der Gastregisseur
Rudolf Noelte von drei vereinbarten Inszenierungen nur die
der »Wildente« realisieren, da er es nicht akzeptiert, daß
Gründgens einer der Endproben beiwohnt.
Zu den herausragenden Inszenierungen Gründgens' am Düsseldorfer Schauspielhaus gehört die deutsche Erstaufführung
von Jean Cocteaus »Bacchus«, die am 18. Oktober 1952 mit
dem jungen Martin Benrath in der Titelrolle und Gründgens
selbst als Kardinal Zampi Premiere hat. Mit Käthe Gold in
der Titelrolle setzt Gründgens nur knapp einen Monat später
Giraudoux' »Undine« in Szene. Karl-Heinz Stroux soll zu
Beginn der Spielzeit 1953/54 Shakespeares »Macbeth« mit
Gründgens in der Titelrolle inszenieren, muß aber aus Ter-
mingründen die Produktion absagen, und so führt statt dessen
Ulrich Erfurth Regie bei »Wallensteins Tod«, der am 12. September 1953, ausgestattet von Caspar Neher, Premiere hat.
Für den 53jährigen Gründgens stellt die Rolle des kaiserlichen
Generalissimus Wallenstein, den er über Schillers Vorlage hin-
ausgehend als müden und alten, ja altersstarren, vereinsamten,

kranken und überforderten Parvenü zeichnet, den längst fälligen Übergang ins schwere Charakterfach dar.

Der Versuch, den schon am Staatstheater viel gespielten Autor Hans Rehberg künstlerisch zu rehabilitieren, scheitert. Die Uraufführung der Atriden-Tragödie »Der Gattenmord« am 14. Oktober 1953 ist ein Erfolg vor allem für Elisabeth Flickenschildt in der Rolle der Klytämnestra – und für den Regisseur Gründgens. Doch das Lob der Kritik kann Gründgens, der sich als werktreu der Dichtung Dienenden begreift, wohl kaum befriedigen: »Es muß der Anreiz für den Regisseur Gründgens gewesen sein, von keinem Selbstwert des Werkes gehemmt und angewiesen, die Eigenmacht und schöpferische Potenz von Regie und Schauspieler zu erproben. Das ist gelungen. Es wurde souverän über das Stück hinweg gespielt«, befindet die Westdeutsche Rundschau vom 16.10.1953. Thomas Wolfes Südstaaten-Drama »Herrenhaus«, ebenfalls eine wenig gelungene Bearbeitung des antiken Atriden-Stoffes, wird über 30 Jahre nach seiner Entstehung und 15 Jahre nach dem Tod des Dichters am 29. November 1953 in Düsseldorf uraufgeführt. Gründgens spielt General Ramsey, das Symbol einer dem Untergang geweihten überkommenen Zeit, in »würdigster Zurückhaltung«. [FAZ, 1.12.1953] »Die Szene, in der Gründgens, minutenlang allein und schweigend auf der Bühne, plötzlich den Verfall und die Verlassenheit seines Hauses wahrnimmt, gehört neben der Sterbeszene, diesem großartig gelähmten Säbelkampf gegen den schäbigen Tod, zu den erstaunlichsten Auftritten von Gustaf Gründgens, denn hier scheint ein überragender und zuchtvoller Komödiant der kühlen Parade zum erstenmal die tieferen Gelasse der menschlichen Seele zu betreten. Auf dem Gipfel einer ordensgeschmückten Schauspielerlaufbahn zeichnet sich ein neuer Beginn ab«, wertet Heinz Beckmann im Rheinischen Merkur vom 12.12.1953 die Darstellung Gründgens'.

Zu Beginn der Spielzeit 1954/55 gibt Gründgens auf einer Pressekonferenz seine Düsseldorfer Vorhaben für die kommenden drei Jahre bekannt. Doch nur wenige Wochen später wird am 23. Oktober 1954 die Premiere von Giraudoux' »Um Lucretia« (mit Marianne Hoppe als Lucile und Elisabeth

Flickenschildt als Paola) fast zum Skandal, der Regisseur Gründgens vom Publikum ausgebuht, denn am Morgen dieses Tages hatte die Öffentlichkeit durch die Presse erfahren, daß diese Saison wider Erwarten seine letzte am Rhein sein wird. Gründgens hat das Angebot des Hamburger Kultursenators angenommen, Intendant des mit knapp 1.600 Sitzplätzen größten bundesrepublikanischen Sprechtheaters, des Deutschen Schauspielhauses in Hamburg, zu werden, und den Aufsichtsrat der Neuen Schauspiel-GmbH darum gebeten, man möge den Düsseldorfer Vertrag vorzeitig lösen. Auch Verhandlungen über die Intendanz des Berliner Schiller-Theaters hatten stattgefunden, bereits zwischen 1949 und 1951, doch nach heftigen Angriffen in der lokalen Presse, insbesondere von seiten des Kritikers Friedrich Luft, hatte Gründgens sein Desinteresse an einer Rückkehr nach Berlin bekundet. Nun ist Hamburg zwar nicht Berlin, bietet Gründgens aber allemal bessere Möglichkeiten als Düsseldorf. Der Hamburger Senat wiederum erhofft sich natürlich eine Wiederholung des immensen Erfolgs, den Gründgens in Düsseldorf aufweisen konnte und nach wie vor kann: Gründgens ist es in wenigen Jahren gelungen, die Städtischen Bühnen und ab 1951 das Düsseldorfer Schauspielhaus zu den wohl meistbeachteten Theatern der Bundesrepublik Deutschland zu machen, nicht nur künstlerisch, sondern insbesondere wirtschaftlich hervorragend geführt, mit einer ausgezeichneten Besucherfrequenz. In der Spielzeit 1954/55 beispielsweise besuchen 294.342 Zuschauer die insgesamt 298 Vorstellungen, das entspricht einer Platzausnutzung von 98,4%, wobei nur knapp ein Drittel der Plätze an Abonnenten vergeben, alle anderen im freien Verkauf oder über Besucherorganisationen abgesetzt worden sind. Auch in dieser letzten Saison 1954/55 sind Gründgens' Inszenierungen wie die deutsche Erstaufführung von T.S. Eliots Verskomödie »Der Privatsekretär« vielbeachtete Höhepunkte des deutschen Theaterlebens. John Whitings »Marschlied«, ein Heimkehrerdrama in Ibsenscher Analysetechnik, am 15. Januar 1955 in Düsseldorf in deutscher Sprache erstaufgeführt, schildert die Rückkehr des als Kriegsverbrecher verurteilten ehemaligen Generals Rupert Foster (gespielt von Gründgens)

nach siebenjähriger Einzelhaft. Nach Abzug der Besatzungs-
mächte fordert die Oppositionspartei des nunmehr demokratischen, vom Autor nicht näher bezeichneten Staates eine neu-
erliche Anklage des innerlich gebrochenen Foster, nicht als
Kriegsverbrecher, sondern als für die Niederlage Mitverant-
wortlichen. Der Regierungschef legt Foster den Suizid nahe,
damit das Ansehen der jungen Demokratie nicht beschädigt
werde. Foster nimmt sich das Leben, um den inneren Konflikt
zwischen Schuldbewußtsein und dem Glauben, seine Pflicht
als Offizier erfüllt zu haben, zu beenden.

Und Gustaf Gründgens selbst? Gründgens, ein Jahrzehnt zuvor noch der bedeutendste Theatermann des Dritten Reiches,
ist schon längst wieder der wohl prominenteste Repräsentant
der Adenauer-Ära auf dem Gebiet des Theaters, 1948 zum
Präsidenten des Deutschen Bühnenvereins gewählt (wenn auch
bereits am 25.11.1949 wieder zurückgetreten), 1954 als erster
Künstler der Bundesrepublik von Theodor Heuss mit dem
Großen Verdienstkreuz mit Stern ausgezeichnet, bewunderter
Star des Theaterpublikums und Garant für ausverkaufte Häuser. Ebenso wie etliche populäre Filmstars ist Gründgens vielen Deutschen ein evidentes Symbol dafür, daß die sogenannte
Stunde Null des Jahres 1945 keine solche war, denn allein
schon die fast ungebrochene Präsenz der Stars und Künstler
des Dritten Reichs diskreditiert den ungeliebten Ruf nach Be-
wältigung der Vergangenheit. Wir sind immer noch da, und
wir sind schon wieder wer – wer wagt es da noch, an der
getünchten Fassade zu kratzen?

Doch periodisch auftretende Migräneanfälle, Schlaflosigkeit
und zunehmende Medikamentenabhängigkeit lassen den
Schauspieler Gründgens etliche Vorstellungen nur noch mit
ärztlicher Hilfe durchstehen. Schon Anfang der 30er Jahre
waren mitunter Proben und Dreharbeiten wegen seiner starken Kopfschmerzen unterbrochen worden. Schließlich müssen sogar morphinhaltige Drogen helfen, die Schmerzattacken
zu lindern. Sprachstörungen beeinträchtigen die Artikula-
tionsfähigkeit, machen tagelang Auftritte unmöglich, Sehstö-
rungen bereiten dem ohnehin stark Kurzsichtigen Probleme.
Die Krankheitsschübe werden häufiger, beginnende Depres-

sionen treten auf, die sich in der zweiten Hälfte der 50er Jahre zusehends verschlimmern werden, wie auch die Durchblutungsstörungen und die quälenden Schmerzen in der Halswirbelsäule. Hinzu kommen schwierige Zahnbehandlungen und mehrere plastisch-kosmetische Operationen. Die Spielplangestaltung muß auf Gründgens' langwierige psychotherapeutische Behandlungen und Kuraufenthalte in Kliniken und Sanatorien auf der Bühlerhöhe, in Bad Wörishofen, im schweizerischen Kreuzlingen, in La Tour-de-Peilz, Lugano und Hirslanden bei Zürich Rücksicht nehmen; in den Hamburger Jahren sucht Gründgens die berühmte Mayo-Klinik im amerikanischen Rochester auf und lebt zeitweise in der Psychiatrischen Klinik des renommierten Hans Bürger-Prinz.

»Ich habe oft und viele Menschen verzaubert [...] durch die Kraft und den Einsatz, durch die Unbeirrbarkeit meiner Zielsetzung – und habe sie überrannt, gewonnen und verloren. Denn es waren nicht sie, die sie waren, sondern die, die ich wollte, daß sie waren«, hatte Gründgens schon Ende 1946 einem Freund geschrieben. [Briefe, S. 404] Gründgens zieht sich in den 50er Jahren immer mehr in eine selbstgewählte Einsamkeit zurück, pflegt kaum noch gesellschaftliche Kontakte, bleibt selbst seinen eigenen Premierenfeiern fern. Enttäuscht registriert der besitzergreifende Gründgens, daß einige »seiner« Schauspieler sich von ihm loslösen, an andere Theater abwandern oder sich dem lukrativeren Film zuwenden. Elisabeth Flickenschildt (* 16.3.1905 Hamburg-Blankenese, † 26.10.1977 Stade), die er auch auf der Bühne als adäquate Partnerin empfindet, wird neben Peter Gorski zu einer wichtigen Bezugsperson dieser letzten Jahre, und auch Antje Weisgerber (* 17.5.1922 Königsberg), die er als »sein Geschöpf« betrachtet, steht ihm menschlich nahe. Wie herzlich und intim der häufig so distanziert wirkende Gründgens Freunden gegenüber sein kann, davon zeugt eine in der Nacht der Hamburger Premiere von »Faust II« geschriebene Briefkarte an Alice und Christoph Bernoulli, mit denen Gründgens seit Ende der 20er Jahre befreundet ist: »Ihr liegt jetzt in den Betten der Pension Prem und schlaft hoffentlich. In mir geistern die Abenteuer des Faust weiter; was kann ich besseres tun, als an Euch zu denken, mich über Euch zu freuen und Euch zu danken, daß Ihr hier seid. Es gehört zum Schönsten, Euch zu Freunden zu haben, und ich bin friedlich und freundlich und in die wünschenswerteste Dimension erhöht, wenn ich daran denke. Diese Aufführung noch geschafft zu haben, hat mir viel bedeutet, und ich sage ohne Nebengeräusche: das war der Anfang vom Ende des Lebens, das ich so gerne anständig gelebt haben möchte und anständig zum Schluß bringen möchte, und Ihr gehört dazu – als Regulativ neben allem anderen. Solange Ihr mich mögt, kann ich mit allen meinen Vertracktheiten nicht verkehrt sein […].« [Briefe, S. 426] Gründgens verbringt einen großen Teil seiner disponiblen Zeit im Bett, liest (am liebsten Lawrence Sterne, Tolstoi, Balzac, Proust, Faulkner, Henry Miller oder Thomas Wolfe) oder hört Musik, Klassisches von Mozart und Tschaikowski ebenso wie Jazz. Er sieht leidenschaftlich Fernsehen, insbesondere Sportübertragungen – er liebt Boxkämpfe und Fußballspiele –, aber auch banalste Unterhaltungssendungen. Sein »eigentliches Hobby«, so Gründgens selbst [Briefe, S. 367], ist in den Düsseldorfer wie auch den folgenden Hamburger Jahren das Reisen. Er erholt sich unter anderem in Sizilien, Mallorca und Nizza, in Pontresina im Oberengadin und in Crans-sur-Sierre im Wallis, 1957 wird Gründgens nach Rio de Janeiro reisen, in den letzten Jahren regelmäßig die Insel Madeira besuchen. Eine der wenigen nach wie vor gepflegten Leidenschaften sind teure Autos. Zu Beginn seiner Düsseldorfer Intendanz hatte ihm die Stadt einen dunkelblauen Opel-Viersitzer mit Chauffeur gestellt, schon bald hatte er sich einen roten Mercedes geleistet. »Er ist größer als meine Wohnung, hat Klima-Anlage und viele Knöpfe, auf die man drücken kann und bei denen dann allerhand Hübsches passiert. Es beginnen sich schon die ersten Skandalgeschichten um den Wagen zu ranken, aber […]: Ich trage meine Schande wie ein Diadem auf meinem Haupte«, freut sich Gründgens am 23.9.1949 über den Kauf eines »Buick Eight«. [Briefe, S. 414] Bald darauf läßt er sich in einem roten, später einem blauen Cadillac chauffieren, in Hamburg dann wird der Rolls Royce des Intendanten für Aufsehen sorgen.

Deutsches Schauspielhaus in Hamburg 1955–1963

Am 1. August 1955 tritt Gründgens sein Amt in Hamburg an. Der Schauspieldirektor Ulrich Erfurth, der Dramaturg Günther Penzoldt, der persönliche Referent Peter Gorski, die Sekretärin Ursula Stadermann und eine Reihe von Schauspielern, darunter Max Eckard, Elisabeth Flickenschildt, Ullrich Haupt, Richard Münch, Hermann Schomberg, Solveig Thomas, Karl Vibach, Antje Weisgerber und Kurt Weitkamp sind Gründgens nach Hamburg gefolgt. Auch Gustl A. Mayer, ehemals engste Mitarbeiterin Max Reinhardts, ab 1938 persönliche Referentin von Gründgens am Staatstheater in Berlin und ab 1954 »künstlerischer Beirat« in Düsseldorf, ist für ein Jahr in Hamburg tätig. Unter den wenigen Schauspielern, die Gründgens von seinem Vorgänger Albert Lippert übernimmt, finden sich Ilse Bally, Gustl Busch, Ursula Erber, Hans Irle und Joseph Offenbach. Ehmi Bessel, Sebastian Fischer, Werner Hinz, Eduard Marks, Will Quadflieg und Heinz Reincke werden hinzuengagiert, später werden u.a. Volker Brandt, Charles Brauer, Ella Büchi, Josef Dahmen, Uwe Friedrichsen und Joana Maria Gorvin folgen. Als Verfechter des Ensemblegedankens legt Gründgens Wert darauf, daß auch die prominenteren Künstler das Deutsche Schauspielhaus als Ausgangspunkt ihrer Tätigkeit ansehen und sich für mindestens sechs Monate vertraglich an Hamburg binden. Aus diesem Grund verzichtet er beispielsweise auf das geplante Engagement des vielbeschäftigten Werner Krauß, der in Hamburg allenfalls für zwei Monate hätte gastieren können. Doch die meisten Bühnenkünstler verpflichten sich gerne an das von Gründgens geleitete Haus, nicht nur wegen des Renommees, das solch ein Engagement mit sich bringt. Die Faszination, die der charismatische Gründgens auf viele Schauspielerinnen und Schauspieler ausübt, ist ungebrochen.
Senator Hans Biermann-Ratjen erklärt den Mitgliedern des Schauspielhauses bei Gründgens' offizieller Einführung:

»Bringe ich Ihnen nun einen neuen Chef, der einer bestimmten »Richtung« verhaftet ist? Optieren wir damit für die »Tradition« gegen die »Moderne«? Nichts wäre falscher! Wir optieren [...] für die Beachtung der ewig sich gleichbleibenden künstlerischen Grundgesetze, also für etwas, in dem der Gegensatz von Tradition und Moderne sich aufhebt.« [Nachspiel, S. 61] Und der neue Intendant formuliert sein künstlerisches Credo: »Genieren Sie sich bitte nicht, einen Satz richtig zu betonen. Es ist nicht Formalismus! Genieren Sie sich nicht, eine Rolle sicher in den Griff zu bekommen und zu beherrschen. Es ist nicht Manierismus! [...] ich würde wünschen, daß die drei Stunden, in denen wir abends unseren Beruf ausüben, festliche Stunden sind, besondere Stunden für jeden von uns. Nur dann werden sie besondere Stunden für den Zuschauer sein. [...] Machen Sie in Ihrem Privatleben, was sie wollen, aber bringen Sie mir den Alltag nicht auf die Bühne.« [Briefe, S. 254 f.] Gründgens begreift das Theater nach wie vor als heiligen Raum, den es freizuhalten gilt vom Einfluß der Wirklichkeit, damit die theatrale Kunst den ewigen Werten des Schönen und Wahren diene. Und er wird in den kommenden Jahren enttäuscht registrieren müssen, daß immer mehr junge Schauspieler sein hohes Berufsethos, seine Ehrfurcht vor dem Theater und seine bedingungslose Hingabe an die Bühne nicht mehr teilen.

Gründgens eröffnet seine erste Hamburger Saison am 1. September 1955 mit der Wiederaufnahme des Düsseldorfer »Wallenstein«. Am übernächsten Abend folgt die eigentlich für Düsseldorf geplante und angekündigte Uraufführung von Carl Zuckmayers Atomspionage-Drama »Das kalte Licht«, von Gründgens ebenso selbst inszeniert wie die schon in Düsseldorf erprobten Stücke »Der Privatsekretär« und »Herrenhaus«. Heinrich Koch inszeniert als Gast Calderóns »Über allen Zauber Liebe«, Peter Gorski den Broadway-Erfolg »Der Regenmacher« von Richard Nash, Leopold Lindtberg Shakespeares »König Heinrich IV.« mit Richard Münch (und als dieser erkrankt mit Gustaf Gründgens) in der Titelrolle. Gründgens selbst verantwortet die Uraufführung von Hanns Henny Jahnns »Thomas Chatterton«, der dramatisierten Le-

bensgeschichte des 1770 durch Suizid umgekommenen ver-
kannten englischen Dichters, die mit Heinz Reincke und Christian Doermer am 26. April 1956 Premiere hat, allerdings kein
Publikumserfolg wird. In der zweiten Spielzeit setzt Gründgens die Uraufführung von Curt Goetz' »Nichts Neues aus
Hollywood« in Szene und spielt darin die Rolle des Cliff
Clifford. Ulrich Erfurth verantwortet Racines »Phädra« und
Friedrich Dürrenmatts »Besuch der alten Dame«, von Gründ-
gens gegen seine Überzeugung ebenso Elisabeth Flickenschildt
zuliebe auf den Spielplan gesetzt wie 1962 »Die Physiker«.
Rudolf Noelte inszeniert Ibsens »Wildente« (mit Ella Büchi
als Hedwig, Werner Hinz als Hjalmar Ekdal und Richard
Münch als Gregers Werle), Max Ophüls Beaumarchais' Komödie »Der tolle Tag« (mit Heinz Reincke als Figaro und
Solveig Thomas als Susanne) und Willi Schmidt Shakespeares
»Viel Lärm um Nichts«.
Am Ostersonntag, dem 21. April 1957, hat schließlich die
berühmteste aller Gründgens-Inszenierungen, die sogar als
die bedeutendste in der bundesrepublikanischen Geschichte
gewertet wird, Premiere: der erste Teil von Goethes »Faust«,
am 9. Mai 1958 gefolgt von »Faust II«. Die Düsseldorfer Inszenierung hatte sich nicht wesentlich von den Berliner Aufführungen unterschieden. Doch nun findet Gründgens, nachdem Gespräche mit dem als Bühnenbildner vorgesehenen Jean
Cocteau gescheitert sind, zusammen mit Teo Otto (* 4.2.1904
Remscheid, † 1.6.1968 Frankfurt am Main) eine überzeugende
neue Lösung. Grundlage des Konzepts ist das von Gründgens
bisher stets gestrichene »Vorspiel auf dem Theater«, für das
auf der großen, mit silbergrauen Vorhängen begrenzten Schau-
spielhaus-Bühne ein leichtes, praktikables Schaubudengerüst
aufgebaut wird, vor dem sich Theaterdirektor, Dichter und
Lustige Person einfinden. »[...] in diesem Vorspiel und mit
diesem Vorspiel enthebt uns Goethe ein für allemal der Ver-
pflichtung, den Zuschauer glauben zu machen, sein Himmel
sei *der* Himmel – seine Kaiserpfalz sei *die* Kaiserpfalz – sein
Griechenland sei *das* Griechenland.« [Gründgens' Faust, S.
124] Nicht alle Rezensenten folgen diesem genialen Grundge-
danken: »Außerdem störte, daß derselbe Schauspieler den

Theaterdirektor (im Vorspiel) und den Herrn gab. Falls darin eine Inszenierungsidee lag, habe ich sie nicht verstanden«, erklärt etwa Claus-Henning Bachmann in der Neuen Zürcher Zeitung vom 25.4.1957.

Die ganze »Faust«-Tragödie wird also als Theater auf dem Theater gespielt, der Dichter kurbelt den Vorhang des Bretterpodiums hoch, auf dem die drei Erzengel des Prologs stehen, der Theaterdirektor hängt sich einen Bart um, und spielt den Herrgott. Auch das »hochgewölbte, enge gotische« Studierzimmer des 3. Bildes wird nurmehr durch ein Holzregal mit Kaminöffnung und Ofenbank, ein großes Glasmodell einer Molekülstruktur, Schreibpult und Hocker angedeutet, ebenso Auerbachs Keller im 7. Bild durch zwei Regale mit Flaschen und einen groben Holztisch. Während Marthes Garten von Rochus Gliese in Berlin noch naturalistisch als Gemüsegarten mit Kohlköpfen und einer Gartenlaube gebaut worden war, reduziert ihn Teo Otto nun auf ein Spalier aus einfachen Holzlatten und eine Holzbank sowie einen symbolischen Flecken mit Gras und Blumen vor dem Podium. Dieses wird für Dom und Walpurgisnacht entfernt, um die ganze Fläche der Bühne nutzen zu können. Wie schon 1941 in Berlin gehen die beiden Szenen nahtlos ineinander über: »Die geduckt hockenden Gläubigen schnellen hoch und sind, mit Licht- und Farbwechsel, orgiastisch durcheinandertaumelnde Masse.« [Neue Zürcher Zeitung, 25.4.1957] Diesmal tanzen sie, in bunten Trikots, zu Rock'n Roll-Rhythmen, im Hintergrund erscheint ein Astronaut in Anzug und Helm als Ikone des Raumfahrtzeitalters, es blitzt grell, und ein Atompilz wird sichtbar – die Göttinger Erklärung gegen die Stationierung von Atomraketen in der Bundesrepublik, in der es heißt, es gebe kein Mittel, bei einem Atomkrieg die Bevölkerung zu schützen, liegt nur wenige Tage zurück. Auch im – in nur vier Wochen probierten! – zweiten Teil des »Faust« wird das Konzept des »Theaters auf dem Theater« beibehalten, die Schauplätze werden szenisch abstrahiert, im IV. und V. Akt ist die Bühne völlig leer. Will Quadflieg und Werner Hinz alternieren als Faust, Antje Weisgerber (und später auch Ella Büchi) gibt das Gretchen, Elisabeth Flickenschildt, Sybille Binder und später

Ehmi Bessel lösen sich als Marthe Schwerdtlein ab, Uwe Friedrichsen spielt den Schüler, Eduard Marks den Wagner und Gründgens selbst (ab 1959 sich abwechselnd mit Ullrich Haupt) den Mephisto. »Gustaf Gründgens, zunächst als picassohafter Harlekin und dann als leicht karnevalistischer Höllenkavalier gewandet, entfaltete nach und nach, accelerando, die Wunder seiner profunden Sprachmagie. Ein hohes Vergnügen – und weit mehr. Seine schlangenhafte Körperbeherrschung ermöglicht ihm den brillantesten Mimus. Zum Nutzen der Dichtung! Wer kann das heute noch so? Auf dem Rücken liegend, den Faust umkrallend, oder am Boden robbend in der Verwandlung, verströmt er gespenstische Suggestion«, schreibt Albert Schulze-Vellinghausen in der FAZ vom 24.4.1957. Auch auf Gastspielen 1958 in Antwerpen, 1959 in Leningrad und Moskau, 1961 in New York (in einer gekürzten Fassung, die in etwa der des Filmes entspricht) und 1962 in Venedig wird »Faust I« mit triumphalem Erfolg gezeigt, nach Gründgens' Tod 1963 wird die Aufführung noch drei Spielzeiten lang auf dem Spielplan des Schauspielhauses bleiben.

In seiner dritten Hamburger Saison spielt Gründgens unter Heinz Hilperts Regie den abgerissenen Leiter eines Amüsierbetriebes, den Varieté-Komiker Archie Rice in John Osbornes »Entertainer«, in London ein triumphaler Erfolg für Laurence Olivier, und auch in der Alsterstadt eine Bravourrolle für den steppenden, Chansons singenden Komödianten Gründgens. Ulrich Erfurth inszeniert Goethes »Egmont« mit Max Eckard in der Titelrolle und Solveig Thomas als Klärchen, Gustav Rudolf Sellner setzt Thornton Wilders »Alkestiade« in Szene, Willi Schmidt Molières »Geizigen« mit Joseph Offenbach. Gründgens selbst führt wie schon 1928 an den Hamburger Kammerspielen und 1939 am Berliner Staatstheater Regie bei Büchners Revolutionsdrama »Dantons Tod«, das am 10. Januar 1958 mit Ullrich Haupt als Danton, Will Quadflieg als Camille Desmoulins, Richard Münch als Robespierre, Sebastian Fischer als St. Just, Ella Büchi als Lucile und Maria Becker als Marion Premiere hat, ausgestattet von Caspar Neher.

Zu Beginn der folgenden Saison 1958/59 gastiert das Berliner Ensemble mit Brechts »Leben des Galilei«, von Erich Engel mit Ernst Busch inszeniert, am Deutschen Schauspielhaus. Gründgens langjähriger Düsseldorfer Assistent Imo Moszkowicz setzt die Shakespeare-Komödie »Der Widerspenstigen Zähmung« in Szene, Heinz Hilpert Hofmannsthals »Cristinas Heimreise«, Rudolf Steinboeck Tschechows »Möwe«. Neben Grabbes »Don Juan und Faust« mit Will Quadflieg und Werner Hinz sowie Schillers »Maria Stuart« mit Elisabeth Flickenschildt und Antje Weisgerber, beides von Gründgens inszeniert, ragt die längst überfällige Uraufführung von Brechts »Heiliger Johanna der Schlachthöfe« heraus, die am 30. April 1959 Premiere hat, ausgestattet vom langjährigen Brecht-Mitarbeiter Caspar Neher, mit Brechts ältester Tochter Hanne Hiob in der Titelrolle der Johanna Dark und mit Hermann Schomberg als Mauler. Schon am 18. Januar 1949 hatte der 1947 aus dem amerikanischen Exil zurückgekehrte Bertolt Brecht an Gründgens geschrieben: »Sie fragten mich 1932 um die Erlaubnis, »Die heilige Johanna der Schlachthöfe« aufführen zu dürfen. Meine Antwort ist ja.« Brecht hatte in Berlin durch den Schauspieler Ernst Busch, einen überzeugten Kommunisten, erfahren, daß dieser es allein dem mutigen Eintreten des integeren Gründgens verdanke, das Dritte Reich überlebt zu haben, daß Gründgens auch weiteren politisch und rassisch Verfolgten das Leben gerettet habe. Gründgens telegraphierte aus Düsseldorf an Brecht zurück: »Über Brief zu Tode erschrocken – Freue mich aber sehr daß Sie sich noch daran erinnern und bitte mir Buch umgehend zukommen zu lassen.« [Briefe, S. 274] Daraufhin hatte Gründgens die Uraufführung für die erste Hälfte der Spielzeit 1949/50 geplant, mit seiner geschiedenen Frau Marianne Hoppe und mit Fritz Kortner in den tragenden Rollen, doch Kortner, der den Mauler schon 1932 in der Radiofassung gesprochen hatte, lehnte die Rolle ab, die Produktion kam nicht zustande. 1959 nun, also 28 Jahre nach der Fertigstellung des Stückes, realisiert Gründgens endlich die Uraufführung. Er »verwarf jede Verlockung, das Stück mit Kommentar zu spielen oder gar auf irgendeine Linie (der Abschwächung) zu bringen. [...] Was den

Brecht-Stil betrifft, so war jeder Verfremdung Genüge getan und aller Doktrinarismus von den Brettern gejagt. [...] Das »Zeigen«, das jenseits des Theoretischen im Kern dieses Stiles steht, war aus der Einbildungskraft gewonnen und auf Anschauung gerichtet«, lobt Siegfried Melchinger in der Süddeutschen Zeitung vom 5.5.1959 den Regisseur Gründgens. »Wir wollen gern annehmen, daß die erstaunliche Inaktualität des Stoffes ihm seinen Entschluß erleichtert hat. Wie immer die Zukunft aussehen mag, in den ausgemergelten, zerlumpten, verhungerten, fanatischen Proletariergestalten dieses Dramas von 1931 wird kein Mensch einen amerikanischen Industriearbeiter von heute, mit Chromauto, Kühlschrank, Radio und Television wiedererkennen«, kritisiert Willy Haas in der Welt vom 4.5.1959 das Stück, nicht aber die Aufführung: »Und doch, Gründgens' Inszenierung war großartig und tapfer. [...] Er hat alles sehr scharf akzentuiert und gepfeffert und pointiert, das Propagandistische, Satirische, Kommunistische und Atheistische; aber ebenso das Komödiantische, die travestierten Chöre, das Harlekinspiel; und dabei hat sich herausgestellt, daß das Komödiantische bei Brecht alles andere zudeckt.« Ernst Schumacher hingegen bemerkt resignierend: »Gründgens brauchte [...] keine Angst zu haben, daß sein Feuerwerk ein Feuer entzünden könnte. Bevor die »Johanna« entjungfert wurde, war sie schon sterilisiert. [...] Alles in allem eine Inszenierung, die der Bedeutung und Größe des Stückes angemessen war. Für ihre Folgenlosigkeit sprach der stürmische Beifall, den die gerade moralisch Vernichteten spendeten.« [Theater der Zeit, München 1960, S. 136 ff.]
1959/60 führt Ulrich Erfurth Regie bei Büchners »Woyzeck« mit Heinz Reincke in der Titelrolle, bei Anouilhs »Becket oder die Ehre Gottes« und bei Lessings »Minna von Barnhelm«. Kurt Horwitz setzt Claudels »Seidenen Schuh« in Szene, Heinz Hilpert Kleists »Zerbrochenen Krug« mit Hermann Schomberg als Dorfrichter Adam. Gründgens inszeniert zusammen mit Karl Vibach Shaws »Cäsar und Cleopatra« mit sich selbst und Ingrid Andree in den Titelrollen, eine Neueinstudierung des »Wallenstein«, am 21. November 1959 die Uraufführung von Lawrence Durrells »Sappho« mit Elisabeth

Flickenschildt und Maximilian Schell sowie am 21. Mai 1960 Hebbels »Gyges und sein Ring« mit Gründgens selbst als Kandaules, Sebastian Fischer als Gyges und Joana Maria Gorvin als Rhodope. In der kommenden Spielzeit dann setzt Gründgens Strindbergs »Fräulein Julie« (mit Joana Maria Gorvin und Ullrich Haupt) und die Uraufführung von Dieter Waldmanns Komödie »Von Bergamo bis morgen früh« in Szene. Unter der Regie von Gustav Rudolf Sellner besiegelt Gründgens am 21. Oktober 1960 als Prospero in Shakespeares »Sturm« endgültig den Fachwechsel hin zu den Altersrollen. Ella Büchi spielt die Miranda, Sebastian Fischer den Ferdinand, Ullrich Haupt Kaliban und Volker Brandt Ariel.

Peter Gorski verantwortet die Uraufführung von Siegfried Lenz' »Zeit der Schuldlosen« am 19. September 1961, Ulrich Erfurth führt Regie bei Kleists »Käthchen von Heilbronn« und bei der Uraufführung von Richard Heys »Weh dem, der nicht lügt«, Willi Schmidt bei Shakespeares »Othello«. Aber auch Gründgens selbst führt mehrfach Regie: Der Uraufführung von Durrells »Actis« am 22. November 1961 und der leicht und einfallsreich inszenierten Tirso de Molina-Komödie »Don Gil von den grünen Hosen« am 25. Dezember 1961 folgt am 9. Mai 1962 »Das Konzert« von Bahr. Gründgens spielt diesmal nicht mehr seine Erfolgsrolle des Dr. Jura, den jetzt Heinz Reincke verkörpert, sondern Gustav Heink, Marianne Hoppe gibt dessen Frau Marie, Sabine Hahn die Delfine. Im September 1962 inszeniert Ulrich Erfurth Frischs »Don Juan oder die Liebe zur Geometrie« und Friedrich Dürrenmatts »Physiker« mit Elisabeth Flickenschildt als Mathilde von Zahnd, Richard Münch als Newton, Ullrich Haupt als Einstein und Heinz Reincke als Möbius – als Spielzeithit der Saison 1962/63 von 52 Bühnen gegeben.

Am 20. November 1962 hat Gründgens in seiner letzten und neben dem Mephisto wohl eindrucksvollsten Rolle Premiere, als König Philipp. Gründgens inszeniert Schillers »Don Carlos« mit Sebastian Fischer als hochneurotischem, ständig in Tränen ausbrechendem Carlos, Antje Weisgerber als souveräner, realistisch-praktischer Elisabeth und Joana Maria Gorvin als verklemmter Eboli. Will Quadfliegs Posa erscheint manchen als weltfremd und sektiererhaft, andere sehen in ihm einen Realpolitiker, »der weder Verrat noch Lüge scheut, zu seinem Ziel zu gelangen.« [Lübecker Morgen, 23.11.1962] In den Vordergrund der Handlung tritt das tragische Familienschauspiel, die Identitätskrise des eifersüchtigen, alten Philipp, der durch Posas Verrat in die Isolation zurückgestoßen wird. Der einsame, depressive Gründgens – kaum jemand wird noch in sein Haus am Harvestehuder Weg 19 eingelassen – erschüttert das Publikum als von Einsamkeit und Angst gepeinigter, greiser Monarch. »Der kalte Marmor dieses absolutistischen Herrscherdenkmals zeigt Risse und fühlt sich nicht mehr so glatt und unnahbar an, wie der Dichter es aufgerichtet hat. Ein Mensch wird sichtbar, ein zerrissener, gespaltener, ein leidender, den Majestät allein nicht mehr krönt. Uns rückt er damit näher, aber die Idee des Stückes ferner. [...] Wir sahen noch keinen Philipp, der uns so bewegt hat.« [Hamburger Abendblatt, 22.11.1962] »[Die Zuschauer] sahen einen neuen Gründgens. Sein König Philipp läßt kaum einmal die weit ausschwingende Sprachmelodie vernehmen, den seit Jahrzehnten gewohnten Gründgens-Ton, der auf der Dominante zu verschweben pflegt. Hin und wieder erinnert ein jäher, knapper Ausbruch, bei dem der Zuschauer zusammenschrickt, an den schnell zuschlagenden Dialektiker des Wortgefechts. Der Gesamteindruck der Königsfigur jedoch: ein Eisberg, der einen Vulkan überkrustet hat. Schmal, schwarz, ohne jeden kostümlichen Pomp, kurzgeschnitten und eisgrau das Haar – so schreitet Gründgens durch die Philipp-Szenen. Das Blut gerinnt, wo er erscheint. So leise hat Gründgens selten auf einer Bühne gesprochen«, beschreibt Johannes Jacobi seine Eindrücke. [Tagesspiegel, 4.12.1962]

Die als Modellinszenierung gefeierte Aufführung ist jedoch auch ein Beispiel dafür, wie zeitgenössisch Gründgens' vermeintlich ahistorisch-partiturtreue Inszenierungen sind. Posas Freiheitsideen werden ebenso als inhumane Ideologien diskreditiert wie die unangepaßte Jugend, die sich gegen die geforderte Pflichterfüllung und Triebunterdrückung auflehnt. Der alte König jedoch wird nicht verurteilt, das Publikum, zu Tränen gerührt, vergißt alle Verbrechen Philipps angesichts dessen privaten Leids, Posa und der Inquisitor erscheinen als gewissenlose, ideologiehörige Funktionäre. Gründgens liefert dem saturierten Wirtschaftswunder-Publikum am Ende der Adenauer-Ära mit der Figur des Philipp ein nur zu gerne akzeptiertes Identifikationsangebot. Sein künstlerischer Antipode Fritz Kortner hingegen äußert sich in einem Brief an Teo Otto verbittert: »Zählen die verbrannten menschlichen Gebeine gar nicht? Selbst die Ermordung des Carlos und Posa nicht? [...] Philipp, dieser Vorläufer unserer Faschistenverbrecher mit rührendem Privatleben [...], der Inquisitionsverbündete, drosselt die von den beiden Jungs geplante humane Erhebung, an der teilzunehmen von den beiden Todesmutigen erschütternd aufgefordert wurde? Gründgens, der bundesdeutsche Inszenator, drosselt die beiden von Anfang als Inszenator. Sie kommen erst gar nicht zum Leben. Gründgens ist des gerührten Freispruchs aller sicher.« [Klaus Völker: Fritz Kortner, S. 222]

Im Januar 1963 inszeniert Gründgens Strindbergs »Totentanz« mit Werner Hinz als Edgar, Joana Maria Gorvin als Alice und Richard Münch als Kurt. Am 29. desselben Monats tritt Gründgens in »Don Carlos« zum letzten Mal als Schauspieler am Deutschen Schauspielhaus auf; der letzte Vers, den Gründgens auf einer Bühne spricht, sind Philipps Worte: »Kardinal! Ich habe das Meinige getan. Tun Sie das Ihre!« Gründgens' nächste Regie-Arbeit gilt Shakespeares »Hamlet«, die Premiere am 14. April 1963 soll zu seiner letzten überhaupt werden. Im abstrakten szenischen Raum von Teo Otto und in historisch orientierten Kostümen spielen Hermann Schomberg und Marianne Hoppe König Claudius und Königin Gertrude, Ullrich Haupt Horatio, Eduard Marks Polonius, Volker Brandt Laertes, Ella Büchi Ophelia, Charles Brauer und Uwe Friedrichsen Rosenkranz und Güldenstern und Sebastian Fischer Fortinbras. Doch der konzeptionell überzeugenden Inszenierung fehlt die geistige Mitte, denn der ein Jahr zuvor in Hollywood mit einem Oscar ausgezeichnete Kassenmagnet Maximilian Schell zeigt sich der komplexen Titelrolle nicht gewachsen: »Vielleicht wächst Schell [...] auch in den Hamlet hinein. In Hamburg bot er nur schöne Ansätze – und Gründ-

gens nur einen resignierten Ausklang«, befindet Joachim Kaiser [Theater heute 6/63], und Johannes Jacobi meint: »Diesem Hamlet fehlt die Dimension der Tiefe. Maximilian Schell verweilte in den Vorhöfen der geistigen Hamlet-Probleme.« [Die Zeit, 17.4.1963]
Nach acht Jahren Intendanz in Hamburg, während derer das Schauspielhaus in jährlich rund 400 Vorstellungen insgesamt 33 Klassiker, 22 Werke der ersten Jahrhunderthälfte, 33 zeitgenössische Stücke (darunter 10 Uraufführungen) und mehrere Weihnachtsmärchen gezeigt hat, legt Gründgens, der selbst 28 Inszenierungen verantwortet und 15 Hauptrollen gespielt hat, sein Amt nieder. »Es ist eigentlich nicht so sehr der Wunsch, von der Verwaltungsarbeit erlöst zu sein, der meinen Entschluß bestimmt hat. Ich habe diese Arbeit nicht ungern getan. Es sind eigentlich zwei Gründe: die Schwierigkeit, einen Spielplan sinnvoll zu gestalten, und die Schwierigkeit, die Schauspieler immer wieder zu überzeugen, daß Geldverdienen zwar eine schöne Sache ist, aber daß sie ihr künstlerisches Kapital sehr schnell verwirtschaften, wenn sie nicht den Halt an einem Ensemble haben. Und zum anderen ist es meine Meinung, daß ein Mann, der ein Theater wie das Deutsche Schauspielhaus leitet, nicht auf die Dauer sich allen öffentlichen und halböffentlichen Veranstaltungen oder Streitgesprächen entziehen kann. Und hier ist meine Antipathie unüberwindlich. Ich leide sehr unter der politischen Entwicklung, und ich leide sehr unter der fatalen Geschäftigkeit um das Theater.« [Briefe, S. 270] Nicht nur in künstlerischer, auch in ökonomischer Hinsicht ist der Theaterleiter Gründgens höchst erfolgreich gewesen: Während die Einnahmen der bundesdeutschen Theater durch Kartenverkauf und Abonnements im Schnitt 39% des Etats ausgemacht haben, hat das Deutsche Schauspielhaus 71% seiner Kosten eingespielt und damit das enorme Einnahmesoll von 69% sogar noch übertroffen. Um genügend Karten für den freien Verkauf zur Verfügung zu haben, sind nur 45% der Plätze an Abonnenten vergeben worden, dennoch konnte für viele Aufführungen die Nachfrage nicht befriedigt werden, und regelmäßig bildete sich schon Samstag abend eine Menschenschlange vor der Theaterkasse,

an der dann sonntags ab 10 Uhr die Karten für die kommende Woche zum Verkauf gelangten. Mißerfolge wie Gerhard Büntes Inszenierung von Garcia Lorcas »Mariana Pineda«, die bei einer Vorstellung vor gerade einmal 17 Zuschauern gespielt werden mußte, blieben die Ausnahme.

Gründgens schlägt seinen Oberspielleiter und Stellvertreter Ulrich Erfurth als Nachfolger vor, doch der Senat beruft Oscar Fritz Schuh, den Generalintendanten der Bühnen der Stadt Köln. Schuh tritt die schwierige Nachfolge Gründgens' an und übernimmt dessen Ensemble fast vollständig. Nur 8 von 57 Schauspielern sowie einige enge Mitarbeiter Gründgens', darunter Erfurth, Peter Gorski und die Sekretärin Ursula Stadermann, scheiden am Ende der Spielzeit 1962/63 aus. Die Gründgens-Inszenierungen von »Totentanz«, »Don Gil von den grünen Hosen« und »Faust I« werden unter Schuh ebenso wiederaufgenommen wie Shakespeares »Sturm« in Sellners Regie, nun mit Bernhard Minetti in der Gründgens-Rolle des Prospero. Bald jedoch werden Schuhs Spielplangestaltung und Ensemblepolitik sowohl innerhalb des Hauses als auch in der Öffentlichkeit auf so heftige Kritik stoßen, daß Schuh 1968 vorzeitig demissioniert; in kurzer Folge werden sich Egon Monk, Hans Lietzau und schließlich Ivan Nagel ablösen. In den ausgehenden 60er und frühen 70er Jahren wird in der bundesdeutschen Theaterszene mit den Rücktritten u.a. von Barlog, Erfurth, Henrichs, Schalla, Sellner und Stroux nicht nur ein Generationswechsel, sondern zugleich auch ein Paradigmenwechsel stattfinden, für den die Arbeiten Peter Zadeks und Peter Steins, eines ehemaligen Assistenten Fritz Kortners, in Bremen repräsentativ sind. Das affirmative, bürgerlich-repräsentative Theater wird zugunsten einer als »gesellschaftliche Arbeit« definierten, zunehmend politisch motivierten Theaterarbeit zurückgedrängt, die Bühne zur Tribüne gesellschaftlicher Agitation werden. Man versucht, den traditionell autokratischen Führungsstil der Prinzipale durch demokratischere Leitungsstrukturen (insbesondere die allerdings bald scheiternden Mitbestimmungsmodelle) zu ersetzen. Inhalte sollen sich unmittelbar auf die gesellschaftliche Realität beziehen, die Aktualisierung von Klassikern durch die Konfrontation mit eigenständigen Bilderwelten und assoziative Regie-einfälle wird ebenso im Zentrum theatraler Arbeit stehen wie die Selbstreflexion der Theatermacher. Anarcho-ästhetische Regieformen werden die Sehgewohnheiten des etablierten Publikums durch bewußte Obszönisierung und Trivialisierung verändern. Die meisten Regisseure werden sich nicht mehr dem Prinzip der Werktreue verpflichtet fühlen, sondern sich als das tradierte Werk auf seinen aktuellen Gebrauchswert hin untersuchende und überprüfende »Autoren der Inszenierung« verstehen, denen der Text Spielmaterial für Regiephantasien liefert.

Gründgens verkündet nach seinem Rücktritt, er wolle nun »einfach leben«, schmiedet aber sogleich neue Pläne: Für Anfang 1964 ist mit der von Maria Becker und Will Quadflieg gegründeten »Schauspieltruppe Zürich« eine dreimonatige Tournee mit Bahrs »Konzert« durch Deutschland und die Schweiz vereinbart, für Herbst 1964 eine Gastinszenierung am Wiener Burgtheater, 1965 ein Gastspiel mit »Faust« in Japan geplant. Am Deutschen Schauspielhaus in Hamburg will Gründgens Shakespeares große Altersrolle, den »König Lear« verkörpern.

Zunächst verbringt er einige Wochen auf der portugiesischen Insel Madeira, in deren Hauptstadt Funchal er seit 1959 ein kleines Haus besitzt, »nach Zeesen der erste Platz, wo ich so etwas wie heimatliche Gefühle habe.« [Briefe, S. 429] Acht Tage vor Antritt seiner lange geplanten Weltreise unterzieht er sich einer zahnärztlichen Behandlung in Hamburg; in München holt er die beim Herrenausstatter Dietl bestellte Garderobe ab, trifft unter anderem Emmy Sonnemann und Marianne Hoppe. Zusammen mit dem jungen Schauspielschüler Jürgen Schleiss (* 13.9.1938 Hamburg) – Gründgens' langjähriger Lebensgefährte Peter Gorski hat sich inzwischen mit seiner späteren Frau Ingeborg liiert – fliegt Gründgens nach London und schifft sich am 15. September 1963 in Southampton auf der Canberra ein, die via Gibraltar, Neapel, den Suez-Kanal und Port Said das vom Monsun durchnäßte Colombo ansteuert. Mit dem Flugzeug von Singapur kommend, treffen Gründgens und Jürgen Schleiss schließlich am 6. Oktober in der philippinischen Hauptstadt Manila ein und steigen im »Manila-Hotel« am Rizal-Park ab. Über Hongkong, Tokio, Honolulu, Los Angeles, Mexiko City, Acapulco, Puerto Rico, Jamaika, Miami und New York soll die Reise rechtzeitig zu den Weihnachtsfeiertagen zurück nach Hamburg führen. Doch in der Nacht vom 6. auf den 7. Oktober findet Jürgen Schleiss Gründgens auf dem Boden des Hotelbadezimmers liegend, im Waschbecken ein leeres Tablettenröhrchen des Schlafmittels »Nembutal«. Auf einen Briefumschlag hat Gründgens geschrieben: »Ich habe, glaube ich, zu viel Schlafmittel genommen, mir ist ein bißchen komisch. Laß mich ausschlafen.«

Rasch verbreitet sich die Nachricht vom Tod des großen Theatermannes. Die deutsche Boulevardpresse veröffentlicht geschmacklose Photos der halbentblößten Leiche, garniert mit unhaltbaren Spekulationen über Mord oder Selbstmord. Laut offiziellem Bericht der Polizei sind starke innere Blutungen aufgetreten, die Todesursache ist im Versagen des Herz- und Atmungszentrums zu finden. Eine Analyse des Mageninhalts ergibt Spuren von Barbiturat, aber keine Zyanide. Der seit Jahren auf Schlafmittel angewiesene Gründgens hat offensichtlich ihre stärkere Wirkung im tropischen Klima der Philippinen nicht beachtet.

An einer Trauerfeier im Bestattungsinstitut »Funeraria Quiogue« nehmen rund 40 Mitglieder der deutschen Kolonie teil. Der deutsche Botschafter und ein evangelischer Pastor halten Trauerreden, von Platten erklingt noch einmal die Stimme Gründgens' als Hamlet, darauf der zweite Satz von Beethovens »Eroica«. Nach der Einäscherung im San-Lazaro-Krematorium wird die Urne nach Hamburg überführt und in einem Ehrengrab der Stadt auf dem Ohlsdorfer Friedhof beigesetzt.

»Sein Intellekt, sein Kunstverstand waren außerordentlich, von verschwommenen Gefühlen, unklaren Eingebungen hielt er nichts. [...] Im Umgang oft nervös und schwierig, bewies er bei Proben eine unendliche Geduld. Seine Kritik war witzig und treffend, aber bei aller Strenge nie verletzend. Unter allen Rollen, die er gespielt hat, war die Rolle des Intendanten nicht die schlechteste«, würdigt Senator Hans H. Biermann-Ratjen Gründgens bei einer Trauerfeier am 20. Oktober im Deutschen Schauspielhaus. Ullrich Haupt schließt seine Rede mit den Worten: »Du warst immer der leuchtende Stern vor meinem Wagen – ich werde Dir nachstreben bis ans Ende meiner Tage. Gute Nacht – mein Prinz.«

Danksagung

Für ihre hilfreichen Auskünfte sei Dank: Ilse Bally (Hamburg), Christoph Bernoulli (Basel), Peter Daniel Bernoulli (Kilchberg), Lotte Betke (Stuttgart), Charles Brauer (Böckten), Ella Büchi (Küsnacht), Heinz Drache (Berlin), Eva-Maria Duhan (Basel), Ursula Erber (Stockdorf), Gudrun Genest (München), Sabine Hahn (Hamburg), Friedel Heizmann-Zistig (Grenzach-Wyhlen), Ruth Hellberg (München), Marianne Hoppe (Berlin), Jenny Jugo (Königsdorf), Hermann Kesten †, Bert Ledwoch (Baden-Baden), Kurt Meisel †, Bernhard Minetti †, Lola Müthel (Gräfelfing), Lilo Pulver (Perroy), Friedrich Schoenfelder (Berlin), Erna Schuster-Hardt (Hamburg), Jürgen Sidow (Bern), Karin Simon (Königstein), Ursula Stadermann (Köln), Liselotte Tietjen (Baden-Baden), Gisela Uhlen (Zürich), Wolfgang Wahl (München), Antje Weisgerber (Rottach-Egern), Kurt Weitkamp (Berlin), Rolf Wilken (Osnabrück), Carola von Wisniewski (Berlin), Karl-Heinz Wüpper (Aachen) und Christoffer Zacharias-Langhans (Ahrensburg).

Zeittafel

1899	Gustav Heinrich Arnold Gründgens wird am 22. Dezember als ältester Sohn des Industriekaufmanns Arnold Gründgens und seiner Frau Emilie, geb. Ropohl, in Düsseldorf geboren.
1909–1916	Schüler des Comenius-Gymnasiums in Düsseldorf-Oberkassel.
1916	Dreimonatige kaufmännische Lehre, dann Soldat beim Infanterieregiment in Saarlautern.
1917	Gründgens bewirbt sich erfolgreich beim Fronttheater Saarbrücken, wo er in der Kanzlei arbeitet.
1918	2. Oktober: In Friedrichsthal bei Saarbrücken Debüt als Philipp in Ludwig Fuldas »Jugendfreunde«. Gründgens wird Leiter des Fronttheaters, das nach Thale verlegt und nach Kriegsende in »Bergtheater« umbenannt wird.
1919	1. April: Eintritt als zahlender Schüler in die Hochschule für Bühnenkunst in Düsseldorf unter der Leitung von Gustav Lindemann und Louise Dumont.
1920/21	Erstes Engagement als Charakter- und Chargenspieler bei Francesco Sioli an den Städtischen Bühnen Halberstadt.
1921/22	Engagement als jugendlicher Bonvivant und Charakterspieler bei Max Alberty an den Vereinigten Städtischen Theatern Kiel.
1922/23	Jugendlicher Bonvivant und Charakterspieler am Theater in der Kommandantenstraße Berlin. Gastspiel im Kabarett Größenwahn.
1923–1928	Engagement bei Erich Ziegel und Mirjam Horwitz an den Kammerspielen Hamburg. Seinen Vornamen schreibt Gründgens von nun an mit »f«.
1924	26. August: Regiedebüt mit Octave Mirbeaus »Geschäft ist Geschäft«.
1926	Eheschließung mit der Schauspielerin Erika Mann (1929 geschieden).
1927/28	Oberspielleiter der Hamburger Kammerspiele.
1928–1932	Schauspieler und Regisseur an den Berliner Reinhardt-Bühnen. Dort bereits am 28. Oktober 1928 Durchbruch als Ottfried von Wieg in der Uraufführung von Bruck-

ners »Die Verbrecher«, Regie: Heinz Hilpert. Gastspiele an verschiedenen anderen Berliner Theatern. Ab 1929 erfolgreiche Operninszenierungen an der Krolloper, an der Städtischen Oper und an der Staatsoper Unter den Linden. Ab 1930 auch Mitwirkung in zahlreichen Filmen.

1932	2. Dezember: Gründgens debütiert am Staatstheater als Mephisto in Goethes »Faust«, Regie: Lothar Müthel.
1933	21. Januar: Mephisto in »Faust II«, Regie: Gustav Lindemann.
1934	1. März: Kommissarischer Leiter des Staatsschauspiels. 15. April: Ernennung zum Preußischen Staatsschauspieler. 1. Oktober: Intendant des Staatsschauspiels. 28. Dezember: Aufgrund der zunehmenden Verfolgung Homosexueller reicht Gründgens sein Rücktrittsgesuch als Intendant ein.
1935	3. Mai: Tod der Mutter. Ernennung zum Präsidialrat der Reichstheaterkammer und zum Reichskultursenator.
1936	21. Januar: Titelrolle in »Hamlet«, Regie: Lothar Müthel. Angriffe im »Völkischen Beobachter« veranlassen Gründgens, zu Freunden nach Basel zu fliehen. Nach seiner Rückkehr Ernennung zum Preußischen Staatsrat durch Hermann Göring. Eheschließung mit der Schauspielerin Marianne Hoppe (1946 geschieden).
1937	23. Dezember: Ernennung zum Generalintendanten.
1939	Verfilmung des Fontane-Romans »Effi Briest« unter dem Titel »Der Schritt vom Wege«.
1941	11. Oktober: Mephisto in »Faust I«.
1942	22. Juni: Mephisto in »Faust II«.
1943	Gründgens meldet sich zum Militär.
1944	29. Juni: Franz Moor in Schillers »Die Räuber«. Auf 1. September werden alle deutschen Theater geschlossen.
1945–1946	Mehrmalige Verhaftung durch die Russen. Neunmonatige Inhaftierung im Lager Jamlitz. Zahlreiche Schauspieler verfassen Petitionen und geben eidesstattliche Erklärungen zugunsten von Gründgens ab.
1946–1947	Schauspieler und Regisseur bei Gustav von Wangenheim am Deutschen Theater Berlin.
1947–1951	Generalintendant der Städtischen Bühnen Düsseldorf.
1947	7. November: Orest in Sartres »Die Fliegen«.

1948–1949	Präsident des Deutschen Bühnenvereins.
1949	14. Januar: Titelrolle in Goethes »Torquato Tasso«.
	13. April: Mephisto in »Faust I«.
	Im September Gastspiel mit »Faust I« in Edinburgh.
	22. Dezember: Titelrolle in »Hamlet«, Regie: Ulrich Erfurth.
	Gründgens adoptiert seinen Lebensgefährten Peter Gorski.
1951–1955	Geschäftsführer der neugegründeten »Neuen Schauspiel-Gesellschaft m.b.H.«; Generalintendant des am 13.9. neueröffneten Düsseldorfer Schauspielhauses.
1952	Das von Gründgens initiierte »Düsseldorfer Manifest« erregt bundesweites Aufsehen.
1953	12. September: Titelrolle in Schillers »Wallensteins Tod«.
	29. November: General Ramsey in der Uraufführung von Wolfes »Herrenhaus«.
1954	Theodor Heuss verleiht Gründgens als erstem Künstler das Große Verdienstkreuz mit Stern.
1955–1963	Generalintendant des Deutschen Schauspielhauses in Hamburg.
1957	21. April: »Faust I« mit Gründgens als Mephisto.
	29. September: Archie Rice in Osbornes »Der Entertainer«, Regie: Heinz Hilpert.
1958	9. Mai: »Faust II« mit Gründgens als Mephisto.
1959	Im Dezember Gastspiel in Moskau und Leningrad.
	Zu seinem 60. Geburtstag wird Gründgens mit dem Professoren-Titel und der Medaille für Kunst und Wissenschaft ausgezeichnet und erhält das Goldene Ehrenzeichen der GdBA.
1961	Im Februar »Faust«-Gastspiel in New York.
	Die Verfilmung des »Faust« wird mit dem Bundesfilmpreis ausgezeichnet.
1962	20. November: Philipp II. in Schillers »Don Carlos«.
1963	29. Januar: Letzter Auftritt als Philipp II.
	14. April: »Hamlet«.
	Nach dem Ende seiner Intendantentätigkeit tritt Gründgens im September eine Weltreise an. Am 7. Oktober stirbt Gustaf Gründgens in Manila.

Auswahlbibliographie

Badenhausen, Rolf/ Gründgens-Gorski, Peter (Hg.): Gustaf Gründgens. **Briefe**, Aufsätze, Reden. Hamburg 1967.

Badenhausen, Rolf (Hg.): Gustaf Gründgens. »Laß mich ausschlafen«. Neue Quellen zur Wirklichkeit und Legende des großen Theatermannes. München/Wien 1982.

Biedrzynski, Richard: Schauspieler, Regisseure, Intendanten. Heidelberg/Berlin/Leipzig 1944.

Clausen, Rosemarie: Gustaf Gründgens – Faust in Bildern. Braunschweig 1960.

Clausen, Rosemarie/ Penzoldt, Günther: Theater. Gustaf Gründgens inszeniert. Hamburg 1960.

Clausen, Rosemarie: Gründgens. 12 Fotos. Velber 1963.

Durrell, Lawrence/ Gründgens, Gustaf: Briefwechsel. Reinbek 1961.

Dybward, Heide: »Walpurgisnacht«-Probleme. Studien zu Gründgens' »Faust«-Inszenierungen. M.A.-Arbeit, Berlin 1973.

Finzsch, Bettina: Gustaf Gründgens und seine Rolle im »Dritten Reich«. Der Künstler und die Macht. M.A.-Arbeit, Bochum 1994.

Goertz, Heinrich: Gustaf Gründgens in Selbstzeugnissen und Bilddokumenten. Reinbek 1982.

Grawert-May, Erik: Theatrum Eroticum. Ein Plädoyer für den Verrat an der Liebe. Tübingen 1981.

Gründgens, Gustaf: **Wirklichkeit** des Theaters. Frankfurt a.M. 1953.

Gründgens' Faust. Berlin/Frankfurt a.M. 1982.

Gustaf Gründgens. Eine **Dokumentation** des Dumont-Lindemann-Archivs. München/Wien 1981 [mit ausführlicher Bibliographie].

Gründgens, Gustaf: Wie sind wir vornehm. Lyrik und Prosa. Hg. von Karl Riha. Hannover 1993.

Hennrich, Lutz/ Meiszies, Winrich (Hg.): Theater hinter Trümmern. Theater und Theaterpolitik in der Landeshauptstadt Düsseldorf 1945 bis 1955. Düsseldorf 1995.

Heyder, Gerhild/ Niewöhner, Annette: Gustaf Gründgens als Theaterpraktiker im III. Reich, dargestellt an seinen Klassiker-Inszenierungen. M.A.-Arbeit, Berlin 1981.

Holba, Herbert/ Knorr, Günter/ Spiegel, Peter: Gustaf Gründgens – Filme. Wien 1978.

Jammerthal, Peter: Gustaf Gründgens und das Berliner Staatstheater in der Nazizeit. M.A.-Arbeit, Berlin 1997.

Kloppenburg: Michael: Klaus Mann und Gustaf Gründgens. M.A.-Arbeit, Münster 1983.

Kühlken, Edda: Die Klassiker-Inszenierungen von Gustaf Gründgens. Meisenheim am Glan 1972. [Zugl. Phil. Diss., Köln 1970].

Lemm: Corinna: Gustaf Gründgens' Theaterarbeit am Düsseldorfer Schauspielhaus. M.A.-Arbeit, Köln 1986.

Luft, Friedrich: Gustaf Gründgens. Berlin 1958.

Meiszies, Winrich: Gustaf Gründgens. – In: Rheinische Lebensbilder, Bd. 16. Köln 1997.

Mühr, Alfred: Gustaf Gründgens. Aus dem Tagewerk eines Schauspielers. Hamburg 1943.

Mühr, Alfred: Großes Theater. Begegnungen mit Gustaf Gründgens. Berlin 1950.

Mühr, Alfred: Rund um den Gendarmenmarkt. Von Iffland bis Gründgens. Oldenburg 1965.

Mühr, Alfred: Mephisto ohne Maske. Gustaf Gründgens, Legende und Wahrheit. München/Wien 1981.

Nachspiel auf dem Theater für Gustaf Gründgens. Reden und Texte der Gedenkfeier am 20. Oktober 1963 im Deutschen Schauspielhaus in Hamburg. Hamburg 1963.

Nehring, Alfried: Die »Zauberflöte« in der Inszenierung von Gustaf Gründgens 1938 an der Deutschen Staatsoper Berlin. Dipl.-Arbeit, Berlin 1960.

Ramin, Robert: Gustaf Gründgens. Bildnis eines Künstlers. Berlin 1933.

Riess, Curt: Gustaf Gründgens. Eine Biographie. Hamburg 1965.

Rischbieter, Henning (Hg.): Gründgens. Schauspieler, Regisseur, Theaterleiter. Velber 1963.

Rischbieter, Henning: Gründgens unter den Nazis. – In: Theater heute 4/1981.

Ruppel, Karl-Heinz: Berliner Schauspiel 1936–1942. Berlin 1943.

Ruppel, Karl-Heinz: Großes Berliner Theater. Velber 1962.

Scheinert, Andreas: Gustaf Gründgens' Konzeption und Inszenierung beider Teile von Goethes »Faust«, Hamburg 1957/58. Dipl.-Arbeit, Weimar 1964.

Spangenberg, Eberhard: Karriere eines Romans. Mephisto, Klaus Mann und Gustaf Gründgens. München 1982.

Trouwborst, Rolf: Zu neuen Ufern. Elend und Glanz des Nachkriegstheaters in Düsseldorf. – In: Schirmer, Lothar (Red.): Aus Trümmern erstanden. Theater in Deutschland zwischen den Weltkriegen. Berlin 1991.

Vielhaber, Gerd/ Strelow, Liselotte: Gründgens. Sieben Jahre Düsseldorf. Honnef 1954.

Weber, Franz J. (Hg.): Gustaf Gründgens. Gedichte und Prosa. Siegen 1985.

Weitere benutze Literatur (Auswahl):

Ahrens, Gerhard (Hg.): Jürgen Fehling. Berlin 1985.

Brauneck, Manfred: Klassiker der Schauspielregie. Reinbek 1988.

Bürger-Prinz, Hans: Ein Psychiater berichtet. Hamburg 1970.

Daiber, Hans: Schaufenster der Diktatur. Stuttgart 1995.

Dillmann, Michael: Heinz Hilpert. Leben und Werk. Berlin 1990.

Drewniak, Boguslaw: Der deutsche Film 1938–1945. Düsseldorf 1987.

Fischer, Helmar Harald: »Was gestrichen ist, kann nicht durchfallen«. – In. Theater heute 9/1989.

Fischer-Lichte, Erika: Kurze Geschichte des deutschen Theaters. Tübingen/Basel 1993.

Flickenschildt, Elisabeth: Kind mit roten Haaren. Hamburg 1971.

Göring, Emmy: An der Seite meines Mannes. Oldendorf 1967.

Kortner, Fritz: Aller Tage Abend. München 1979.

Linke, Manfred: Gustav Lindemann. Düsseldorf 1969.

Mann, Klaus: Mephisto. Roman einer Karriere. Reinbek 1981.

Mann, Klaus: **Der Wendepunkt.** Reinbek 1984.

Mann, Klaus: Briefe. Berlin/Weimar 1988.

Mann, Klaus: **Tagebücher 1931–1949.** Reinbek 1995.

Mertz, Peter: Das gerettete Theater. Berlin 1990.

Minetti, Bernhard: Erinnerungen eines Schauspielers. Stuttgart 1985.

Moeller, Felix: Der Filmminister. Goebbels und der Film im Dritten Reich. Berlin 1998.

Moszkowicz, Imo: Der grauende Morgen. München 1996.

Naso, Eckart von: Ich liebe das Leben. Hamburg 1965.

Naumann, Uwe: Klaus Mann. Reinbek 1984.

Naumann, Uwe (Hg.): »Ruhe gibt es nicht, bis zum Schluß«. Klaus Mann (1906–1949). Bilder und Dokumente. Reinbek 1999.

Petersen, Carol: Klaus Mann. Berlin 1996.

Quadflieg, Will: Wir spielen immer. Frankfurt a.M. 1976.

Rathkolb, Oliver: Führertreu und gottbegnadet. Wien 1991.

Reinhardt, Gottfried: **Der Liebhaber.** München/Zürich 1973.

Rühle, Günther: Zeit und Theater. Frankfurt/Berlin/Wien 1980.

Rühle, Günther: Anarchie in der Regie? Frankfurt a.M. 1982.

Völker, Klaus: Fritz Kortner. Berlin 1987.

Von der Lühe, Irmela: Erika Mann. Frankfurt a.M. 1996.

Wardetzky, Jutta: Theaterpolitik im faschistischen Deutschland. Berlin 1983.

Wardetzky, Jutta: Hans Otto. Ein Mann seltener Art. Berlin 1985.

Weigel, Alexander: Das Deutsche Theater. Berlin 1999.

Wulf, Joseph: Theater und Film im Dritten Reich. Frankfurt/Berlin/Wien 1983.

Inhaltsverzeichnis